Kohlhammer
Urban-
Taschenbücher

Band 146

GUDULA LIST

Psycholinguistik

Eine Einführung

VERLAG W. KOHLHAMMER
STUTTGART BERLIN KÖLN MAINZ

Inhalt

Vorbemerkung

Im Ausland, insbesondere in den USA, ist die Psycholinguistik bereits eine etablierte Disziplin, wenngleich sie noch keine endgültig umschreibbare wissenschaftstheoretische Position einnimmt. Immerhin gibt es aber in englischer Sprache bereits eine ganze Reihe von Überblicksreferaten und propädeutischen Darstellungen, die als regelrechte ›Einführungen in die Psycholinguistik‹ auftreten.[1] In Deutschland hingegen hat die Psycholinguistik sich bislang nur wenig eingebürgert, und erst allmählich kommt die interdisziplinäre Diskussion über ihre Rolle auch bei uns in Gang.*

Unser Versuch, das Gebiet erstmals in deutscher Sprache gesondert vorzustellen, hat daher zwei Forderungen zu berücksichtigen:

– Einmal besteht die Verpflichtung, mit der bereits geleisteten Arbeit bekannt zu machen. Dazu muß angemerkt werden, daß ungeachtet der verhältnismäßig kurzen Zeit, seit der es überhaupt eine institutionalisierte Psycholinguistik gibt, bereits eine Fülle von Veröffentlichungen zu verzeichnen ist, die sich nur noch mit Mühe überblicken läßt. Ihre Zahl schwillt ständig derart an, daß die Darstellungsstrategie allein schon ein Problem bedeutet und eine schwerpunkthafte Auswahl des Materials unumgänglich ist.

– Zum anderen kann sich eine Einführung in die Psycholinguistik nicht lediglich auf ein Referat beschränken. Sie muß vielmehr – angesichts der noch nicht vollends festgelegten wissenschaftstheoretischen Position des Fachs – Probleme und Pespektiven präzisieren, die zur Bestimmung dieser Position beitragen könnten.

Wir wenden uns vor allem an Linguisten und Psychologen; besonders gerne würden wir den einen oder anderen Studenten vom Reiz einer neuen Studienfächer-Kombination überzeugen. Darüber hinaus sind alle diejenigen angesprochen, die sich für die pragmatischen Aspekte von Sprache interessieren, ein Pro-

---

* Mit seinem umfassenden Werk ›Psychologie der Sprache‹ (1967, verb. Neudr. 1970) hat Hans Hörmann hier in Deutschland im weiteren Rahmen der Sprachpsychologie bisher am ausführlichsten psycholinguistische Fragestellungen aufgegriffen.

blemkreis, der gegenwärtig nicht zuletzt durch die Soziolinguistik[2] in den Blick gerückt wird.

Nur im Gesamtrahmen der von verschiedener Seite inzwischen
eingeleiteten Diskussion über Sprache und ihre Pragmatik werden sich auch für die Psycholinguistik eine eigene Konzeption
und konkrete Forschungspläne noch deutlicher abzeichnen und
im Zusammenhang damit Berufsbilder und Curricula ergeben
können.

Insel Reichenau, 31. Oktober 1971   G. List

Einleitung

Die Feststellung, es gebe »eine besondere Ecke in der Psychologie für linguistisch orientierte Forschung und umgekehrt in der Linguistik für psychologisch orientierte Forschung«[1], überrascht durchaus nicht. Schließlich teilen sich seit eh und je mehrere Disziplinen in den Forschungsgegenstand Sprache, und nicht immer haben sich die Fragestellungen ganz leicht unter ihnen aufteilen lassen. Zuzeiten haben solche Beobachtungen jedoch besondere Aussicht, tatkräftige Konsequenzen der Wissenschaftsplaner nach sich zu ziehen.

Im Sommer 1953 versammelte sich im linguistischen Institut der Universität Indiana eine Tischrunde von Wissenschaftlern, die alle – von verschiedenen Perspektiven her – das Studium der Sprache betrieben. Eine neue integrative Disziplin wurde ›gemacht‹, getauft und auf das Ziel verpflichtet, in gemeinsamer Arbeit die Erforschung der Sprache und des Sprachverhaltens zu planen und zu entwickeln. Im Jahr darauf erschien der erste Arbeitsbericht ›Psycholinguistics‹ (Osgood/Sebeok 1954). Man hatte sich auf eine Definition des Gegenstands von sehr allgemeinem Anspruch geeinigt: »Psycholinguistics deals directly with the processes of encoding and decoding as they relate states of messages to states of communicators« (Osgood/Sebeok 1954, 4). Nach knapp zwei Jahrzehnten darf man legitimerweise fragen, in welcher Weise sich solcher Anspruch inzwischen präzisiert hat und wie sich auf seinem Hintergrund die bisher geleistete Arbeit darstellt.

Wir müssen den Anstoß zu psycholinguistischer Aktivität im Zusammenhang mit dem amerikanischen Wissenschaftsgeschehen sehen: Der amerikanische *Strukturalismus*, wie er sich in der Linguistik ausgeprägt hatte, teilt mit den vergleichbaren europäischen Schulen zwar manche neu akzentuierten Interessen an der Sprache, er hat aber insgesamt eine weitgehend unabhängige Entwicklung genommen. Gemeinsam ist den in der Nachfolge von Ferdinand de Saussure stehenden europäischen Richtungen und dem amerikanischen Strukturalismus die Opposition zur vorwiegend historisch motivierten Sprachbetrachtung des vergangenen Jahrhunderts. Ein für beide verbindliches Ziel ist die exakte Deskription von Sprache in ihrem systematischen Strukturzusammenhang mit Hilfe von klar umschreibbaren objektiven Methoden.

In der europäischen Linguistik hat sich allerdings eine generelle Reserve gegenüber subjektiven Kriterien bei der Sprachbeschreibung durchaus verbinden können mit Fragen nach der Art, *wie das Sprachsystem sich im Sprecher manifestiert.* Will doch bereits Saussures Unterscheidung von *langue* und *parole* ein doppeltes Interesse dokumentieren: am objektivierbaren systematischen Zusammenhang ebenso wie an der sozialen Funktion der Sprache. Zuweilen wurden sprachliche Elemente – das Phonem beispielsweise – hier sogar ausdrücklich nach ihrer Funktion der *Bedeutungs*unterscheidung im Kommunikationsprozeß bestimmt. Jedoch ist die Beachtung solcher Aspekte der Sprache weitgehend fachintern betrieben worden; Kontakt mit anderen Disziplinen gab es kaum. Selbst mit der Gestaltpsychologie verband die strukturalistische Linguistik höchstens das Einvernehmen über allgemeine Prinzipien der Strukturierung und Strukturerkenntnis, aber wenig konkrete Thematik.

Die amerikanische Linguistik erhielt dagegen ihr besonderes Gepräge gerade durch die Verquickung mit anderen Disziplinen. Sie hat sich seit den dreißiger Jahren unter der Federführung Leonard Bloomfields vorwiegend als eine empirische Wissenschaft profiliert, die keine subjektiven Kriterien in ihrem Instrumentarium zulassen wollte. Ihr Partner wurden die amerikanische Kulturanthropologie und in ganz besonderer Weise die *behavioristische Psychologie,* die – ihrem Etikett getreu – Psychologie als objektive Verhaltenserforschung versteht. Denn behavioristische Psychologie hat sich ihren methodischen Grundsätzen gemäß ausschließlich mit beobachtbarem, zweifelsfrei registrierbarem Verhalten zu befassen und die Bedingungen seines Zustandekommens zu beschreiben: Alles Verhalten gilt als Reaktion auf bestimmte äußere Konstellationen, und die exakte Beschreibung aller beobachtbaren Variablen dieser Konstellationen ist die einzig zugelassene Grundlage für eine schließliche Analyse des Verhaltens.

Eine linguistische Methodik, die sich ebensolche Maßstäbe setzt, mußte sich für die Sprachanalyse folgerichtig strikt auf formale Kennzeichnung empirischen Materials stützen und sich jeglicher introspektiver Erörterung etwa der Bedeutung von Äußerungen zunächst enthalten. Wie die Psychologie ihre Verhaltenseinheiten und die mit ihnen konstruierten Funktionszusammenhänge *objektiv zu definieren* hat, so müssen in einer behavioristisch ausgerichteten Linguistik sprachliche Einheiten *bedeutungsunabhängig* und ohne jeden Rückgriff auf die sprachliche Intuition gefaßt werden können. Beide Bereiche sind daher auf

die Kriterien des Miteinandervorkommens und Miteinander-
variierens von Elementen angewiesen – methodische Richtlinien,
die in der Linguistik den *Distributionalismus* kennzeichnen. Er
zielt auf die Feststellung der Positionen, die linguistische Einheiten in der Sprache einnehmen können, und auf die Beschreibung aller Kombinationen, in denen sie in einem beobachtbaren,
finiten Corpus auftauchen.

Es versteht sich, daß Psychologie und Linguistik, in ihren Zielen
und in ihrem Instrumentarium einander solchermaßen angenähert, gut kooperieren konnten. Die Analyse und möglichst
vollständige Voraussage von Verhaltensweisen auf Grund der
Kennzeichnung von Stimulussituationen hier – die Ableitung
von Sätzen aus bekannten Distributionen und sequentiellen
Wahrscheinlichkeiten dort – beide Male liegt die Zielsetzung
auf gleicher theoretischer Ebene: dort, wo empirische Daten
beschrieben und Voraussagen im Rahmen eines bestimmten
Funktionszusammenhangs gemacht werden. Die Ergebnisse
der beiden Disziplinen mußten sich praktisch addieren oder doch
problemlos zur gegenseitigen Bestätigung heranziehen lassen.

Inzwischen ist allerdings zu konstatieren, daß unsere Tischrunde nicht immer nur im Sinne friedfertiger Arbeitsteilung bei-
einander gesessen hat. Von linguistischer Seite war es vor allem
die *generative Grammatik,* die eine lebhafte Diskussion nicht
nur innerhalb der eigenen Fachgrenzen auslöste. Sie hat mit
erheblich modifizierten Herausforderungen an den psychologischen Partner aufgewartet und damit das Feld der Zusammenarbeit theoretisch neu zu konzipieren begonnen. Im Gegensatz zur strukturellen Sprachbeschreibung Bloomfieldscher
Prägung hat die generative Grammatik es zunächst nicht mit
der konkreten Äußerung, der empirisch belegten Sprache zu
tun, sondern mit deren formaler Strukturierung, also dem abstrakten Sprachsystem, das aktuellem Sprechen zugrunde liegt.
Die Grammatik ist hier ein System von Produktionsregeln, mit
denen alle zugelassenen Äußerungen einer Sprache generiert
werden sollen und die es zugleich erlauben, die Struktur dieser
Änderungen formal zu beschreiben. Ihre Erarbeitung ist also
ein formalisierendes Unterfangen, das zunächst keine empirischen Kriterien zu benötigen scheint.

Jedoch muß, was die Grammatik generiert, sich schließlich mit
den Äußerungen der Sprechergruppe vergleichen lassen, die
diese Sprache beherrscht; denn – so fordert es auch die generative
Theorie – der kompetente Sprecher soll diese Sätze beurteilen
und akzeptieren oder verwerfen können. Nun läßt sich zwar

solche Beurteilung in das rein formale System einschließen, wenn der Urteilende selbst ein Abstraktum ist. Der *native speaker* ist bei Chomsky zu Anfang auch so konzipiert: als abstrakte Figur, die über ein ideales Instrumentarium verfügt und unangefochten von psychischen Hemmnissen beim Sprechen – von einem begrenzten Gedächtnis etwa – agiert. Dennoch ist evident, daß mit dieser Sprecher-Hörer-Figur als Kontroll-instanz eine psychologische Implikation in die Sprachtheorie hineingetragen ist. Es ist nur folgerichtig, daß in der Weiterent-wicklung der Theorie diese Beurteilungskompetenz keimhaft in jeden einzelnen Angehörigen der Sprachgemeinschaft projiziert wird und die generative Grammatik sich schließlich auch explizit als Beschreibung immanenter Sprachkenntnis versteht.

Damit ist der Anspruch angemeldet, daß die Sprachtheorie anthropologische Aussagen vorbereiten kann, und es muß ein vitales Interesse der Linguistik sein, komplementäre Bestäti-gung von seiten der Psychologie zu erfahren. Dem psycholo-gischen Partner wird die Aufgabe zugemessen, seinerseits Erklärungen beizusteuern über das, was die generative Gram-matik als *kreative Kompetenz* zu beschreiben versucht: Erklä-rungen darüber, wie ein Sprecher unbegrenzt viele und für ihn und andere Sprecher neue Sätze seiner Sprache verstehen und produzieren kann und wie er über korrekte und abweichende Sätze zu urteilen vermag. Vor allem ist der Psychologe auf-gefordert, zu beschreiben, wie der Erwerb dieser komplexen Kennerschaft geschieht, der doch in so relativ kurzer Zeit von-statten geht, daß Zweifel aufkommen können, ob eine streng behavioristische Lerntheorie zu seiner Begründung ausreicht.

Die linguistische Kritik, die sich mit diesem Zweifel an behavio-ristischer Psychologie anmeldet, trifft durchaus auf eine Aus-einandersetzung innerhalb der Psychologie selbst: Dort hat sich der Vorbehalt gegen allzu eingeengte Lernprinzipien erhoben, die mit dem sparsamsten Begriffsinventar von Reiz, Reaktion und Bekräftigung selbst so komplexe Verhaltensweisen wie Sprache und Denken erfassen wollen. Diese innerpsychologische Diskussion ist fruchtbar gewesen und hat eine Fülle von Erweite-rungen klassischer Lerngesetze hervorgebracht. War auf der einen Seite die Sprache konsequent nur eine Verhaltensweise unter anderen gewesen, so hat man zu fragen begonnen, ob nicht symbolisches Verhalten kompliziertere Mechanismen involviere als beispielsweise optisches oder taktiles Verhalten, oder inwieweit ganz spezielle Dispositionen für höhere kogni-tive Funktionen des Menschen untersucht werden müßten. War der Spracherwerb nur ein Aspekt von allgemeinem Lerngeschehen gewesen, das mit primärer und sekundärer ›Bekräftigung‹ hinreichend beschrieben ist, so hielten Opponenten zwar daran fest, daß kindlicher Spracherwerb ohne Zweifel ein Lernen sei, nur fragte man, ob ›lernen‹ genau das bedeuten müsse, was die klassischen Modelle beschrieben hatten.

Das Feld der gemeinsamen Arbeit von Linguisten und Psychologen an der Sprache und am Sprechen hat sich also mittlerweile differenziert: Von der reinen Beschreibungsebene, auf der man sich zuerst problemlos traf, ist man dorthin gelangt, wo Methoden und Ergebnisse des Partners als Anregung und Komplement unerläßlich werden. Denn wenn die Linguistik reales Funktionieren von Sprache problematisiert, ihr Interesse auf die Prinzipien der Sprachverwendung richtet und sich folgerichtig abkehrt von einer Konzeption, die Fragen der Bedeutung vernachlässigt hatte, ist sie in einer veränderten Weise auf Zusammenarbeit mit der Psychologie angewiesen – ebenso wie diese auch Erkenntnisse aus der allgemeinen Sprachtheorie assimilieren wird, wenn sie Sprachverhalten als Problem eigener Art begreift.

Keineswegs bedeutet dies aber, daß die Kooperation mit der größeren Intensität zugleich auch einfacher geworden wäre. Ganz im Gegenteil: unterschiedliches Vorverständnis, verschiedenartige Erwartungen an den Partner und nicht zuletzt die Verschiedenheit der Arbeitsweisen bedingen, daß diese Kooperation als solche thematisiert werden muß und damit selbst zum wissenschaftstheoretischen Problem wird. Erst solche Probleme vermögen eine Psycholinguistik letztlich interessant zu machen. Wir werden im folgenden unser besonderes Augenmerk der Rezeption generativer Grammatik und ihrer speziellen Ausrichtung auf psychologische Teilrichtungen zuwenden, denn es bietet sich damit ein gutes Exempel für solche Problematik an.

Mit dem Anstoß zu Auseinandersetzungen der angedeuteten Art ist der spezifisch amerikanische Impuls für die Psycholinguistik zunächst allerdings erschöpft, denn inzwischen sind neueste Bestrebungen in der Linguistik zu beobachten: Nach einer Ausweitung des Objektbereichs auf das Problem der Sprachverwendung, zu der die generative Grammatik entscheidend beigetragen hat, ist nunmehr eine aus ihr konsequent folgende Tendenz zu konstatieren: Es werden zunehmend konventionelle Einheiten (vom Phonem bis zum Satz) – mit deren Untersuchung die Linguistik bisher beschäftigt war – in ihrem selbständigen Funktionswert für die Sprachverwendung problematisiert, und es wird das Faktum herausgestellt, daß nur »texthafte und textwertige Sprache das Kommunikationsmittel zwischen den Menschen ist« (Hartmann 1971, 17).

Innerhalb der Psychologie kann eine solche Tendenz nur auf regen Widerhall stoßen. Wenn auch ihr Gegenstand fraglos die Sprachverwendung, die individuelle Aktualisierung des Sprachsystems ist, so gilt ihr Interesse im engeren Sinne doch der Sprache als Instrument der Kommunikation, der dialogischen und kommunikativen, also *textwertigen* Sprache.

Das Thema Sprachverwendung gewinnt von der textorientierten Linguistik her in jüngster Zeit also Akzente, die über das hinausgehen, was schon die generative Grammatik und ihre Tradition dabei angesprochen haben. Infolgedessen sind hierzu mehr denn je vielfältige und einander ergänzende Beiträge von der Linguistik und der Psychologie erwartbar. An der Entwicklung einer übergreifenden *Theorie der Sprachverwendung* wären allerdings auch andere Fächer zu beteiligen: die Soziologie und die Kommunikationswissenschaft, die Sprachphilosophie und selbstverständlich die Neurologie. Eine durch das Zusammenwirken all dieser Partner möglicherweise zu begründende – und somit *tatsächlich integrative* – Disziplin sollte dann wohl auch einen neuen Namen tragen. Zunächst, und an dieser Stelle, sind wir jedoch mit der *Psycholinguistik* befaßt.

Zur Legitimation einer eigenen Disziplin Psycholinguistik haben wir bisher nicht viel mehr ausgesagt, als daß beide etablierten Wissenschaften, Linguistik und Psychologie, am Gegenstandsbereich des Sprachverhaltens gemeinsam Anteil haben, und daß sie ihm mit eigenen Methoden allein jeweils nur partiell gerecht werden können. Nun schafft dieser Umstand allein aber noch kein neues Fach. Es genügt nicht, daß ein Raum vorhanden ist, wo sich beide Disziplinen treffen können, und jede sich von der anderen das ausborgt, was sie selbst verwerten kann.

Ein Fach ›zwischen‹ zwei Disziplinen muß mehr tun, als dazu die Gelegenheit schaffen. Es muß zunächst *systematische Vermittlungsarbeit* leisten, wozu auch gehört, daß die – schon kurz angesprochene – Problematik der Kooperation selbst zum eigenständigen Thema erhoben wird. Dies kann nur geschehen, wenn in die Motivationen, Ziele und Arbeitsweisen der zuliefernden Disziplinen zurückgefragt wird und auf diese Weise die Voraussetzungen für Vergleichbarkeit von Konzepten, für wechselseitige Rezeption, für den Austausch von Begriffen, von einer kritischen Instanz geprüft werden. Das bedeutet, daß psycholinguistische Behandlung bestimmter Teilprobleme immer die

Frage nach den Bedingungen der systematischen Kooperations-
möglichkeit von Linguistik und Psychologie bezüglich dieser
Probleme einschließt. Somit kann sich die Psycholinguistik nicht
auf die Behandlung von Sachfragen einschränken; sie hat dabei
stets ihr spezielles Interesse auf die methodische Bedeutung
dieser Fragen als vermittlungsbedürftiger, also spezifisch inter-
disziplinärer Themen zu richten.

Neben solcher Vermittlungsarbeit und aus dieser Rolle heraus
sollte die Psycholinguistik jedoch auch in der Lage sein, eigene
und neue Konzeptionen zu entwickeln, denn ihr *besonderer
Standort* müßte sie zu Innovationen in dem Zwischenbereich, in
dem sie tätig ist, disponieren können. Von der Psycholinguistik
sollte beispielsweise in absehbarer Zeit ein eigener Beitrag zu
einem neuen Konzept der *sprachlichen Kompetenz* erwartet
werden, wie er aller Voraussicht nach nur von solchem Standort
aus leistbar ist. Erst Beiträge solcher Art können dieses Fach als
eigenständige wissenschaftliche Forschungsdisziplin ausweisen.
Und erst solche Beiträge sind es auch, die in die zuliefernden
Wissenschaften zurückwirken können und dieses Fach für die
weitere Theoriebildung in der Linguistik und in der Psychologie
interessant zu machen vermögen.

Der größere Teil der Arbeiten, über die im Verlauf unserer
Einführung berichtet werden soll, handelt von experimenteller
Verifizierung theoretischer Vorlagen, von der Übersetzung
formaler Beschreibungsformen in prozessuale Ablaufmuster,
vom Nachweis ›psychischer Realität‹ sprachlicher Kategorien –
insgesamt einer Thematik also, die die Psycholinguistik in ihrer
soeben skizzierten Vermittlerrolle fordert. Sie läßt sich weitgehend einordnen in die konventionelle Systematik von Sprache,
und zwar von Sprache als einem isolierten System. Deshalb wird
der erste Teil unserer Einführung, der wesentlich die Aufgabe
eines Arbeitsberichts erfüllen soll, auch ausgerichtet sein an her-
kömmlichen Kategorien satzgrammatischer Analyse.

Das so vorgestellte Material wird uns genügend Ansatzpunkte
und teilweise auch Provokationen für Beurteilung und Relativierung im zweiten Teil bieten, wenn über isolierte Sprach-
behandlung hinausgefragt werden soll und wenn Zusammenhänge mit generellen kognitiven Leistungen und mit allgemein
kommunikativen Vorgängen hergestellt werden müssen. Sinngemäß werden wir die angedeutete andere, über bloße Vermittlung hinausgehende Verpflichtung einer auch theoretisch
eigenständigen Psycholinguistik vor allem in diesem zweiten
Teil ansprechen.

I Vom Konzipieren sprachlicher Einheiten.
Formale Sprachsystematik und ihre Verhaltenskorrelate

Gewiß: Sprache besitzt eine beschreibbare Gliederung, sprachliche Äußerungen verstehen heißt sie in ihre konstituierenden Teile auflösen; Sprechen ist planvolle Integration von distinkten Einheiten. Und die Sprachwissenschaft ist bemüht, in theoretischer Arbeit Systeme solcher Einheiten zu liefern. Sind aber beide Elemente, die des sprachlichen Verhaltens und die der theoretischen Systeme, ohne weiteres vergleichbar? Kann es also eine ›psychische Realität‹ von linguistischen Einheiten geben, und bestehen Anlaß und Berechtigung, danach zu forschen?

Unser Vorhaben hätte von vornherein allzuviel von seiner Legitimität eingebüßt, müßten wir die Frage prinzipiell verneinen. Wir können sie im folgenden jedoch auch nur eingeschränkt offenhalten. Die Frage nach den Verhaltenskorrelaten von formalen sprachlichen Einheiten soll uns nämlich nicht in erster Linie deshalb als Anknüpfungspunkt für einen Teil unserer Überlegungen dienen, weil es gälte, Konvergenzen von linguistischen Beschreibungsmitteln und psychischen Mechanismen zu entdecken oder Mängel an Übereinstimmung zu konstatieren. Viel mehr interessiert uns ja, ob dabei aus dem Rückbezug auf Zielsetzungen und Arbeitsweisen der beteiligten Disziplinen die Berechtigung, Zweckmäßigkeit und Konsequenzen solcher Vergleiche erhellen können. Eine solche Gegenüberstellung markiert zugleich eine allgemeine Motivation für psycholinguistische Aktivität.

Strukturalistische Betrachtungsweise hat über die Disziplinen hinweg einen gemeinsamen Aspekt in den Vordergrund gerückt, der für linguistische wie für psychologische Einheiten gilt: Ein Element bezieht seine typischen Eigenschaften aus seiner Stellung im System, zu dem es gehört. Es kann daher auch nur dann ausreichend beschrieben werden, wenn die Beziehungen, die es zu anderen Bestandteilen des Systems hat, und seine Funktion in der gesamten Konstellation aufgezeichnet werden. In de Saussures berühmtem Beispiel vom Schachspiel (Saussure[2] 1967, 104–106) tritt bei der Kennzeichnung einer Figur ihre materielle Beschaffenheit zurück hinter die Charakterisierung der Beziehungen, die sie auf Grund des Systems von Regeln und Funktionsverflechtungen in einem Augenblick des Spiels mit allen übrigen Figuren verbindet.

Saussure wollte mit diesem Bild das Zusammenspiel von sprachlichen Einzelheiten verdeutlichen. Menschliches Verhalten kann jedoch ganz allgemein unter vergleichbaren Prinzipien verstanden werden: Wir nehmen unsere Umwelt nicht als eine Menge ungeordneter Reize wahr, sondern als Muster, in denen Einzelheiten durch ihre ›Umgebung‹ mit bestimmt werden. Wir ordnen unsere Wahrnehmungen und gruppieren einzelne Reize nach Ähnlichkeiten, Kontrasten, wiederholter gleichzeitiger Erfahrung und vermittelnden Bedingungen. Schrift und gesprochene Sprache nehmen wir nicht als Konglomerat von Buchstaben und Lauten auf, sondern strukturieren Einzelheiten so, daß ihr Zusammenhang eine Verständigung ermöglicht. Ungenaue und zerstörte Formen können wir dennoch erkennen und richtig einordnen, denn unsere Wahrnehmung ergänzt auf Grund früherer Erfahrungen die beschädigte Figur zur ›guten Gestalt‹. Wir berichtigen mutilierte Wörter und Sätze automatisch und machen zudem oft die Erfahrung, daß wir hierfür nicht nur unser Wissen von früher einsetzen, sondern auch von unseren augenblicklichen Bedürfnissen und Stimmungen abhängen.

Solche Prinzipien von integrativer Wahrnehmung sind ein deutlicher Hinweis darauf, daß die Suche nach fest umschriebenen sprachlichen Elementen als solchen müßig bleiben muß, wenn nicht gleichzeitig die Gesetzmäßigkeiten ihrer Vorkommens- und Funktionszusammenhänge aufgesucht werden. Und dies durchaus auf allen der verschieden komplexen Ebenen: Strukturzusammenhänge von Lautfolgen oder von Wörtern im System des grammatischen Satzes sind nur Aspekte sprachlicher Integration. Der umfassendste Funktionszusammenhang heißt ohne Zweifel: Kommunikation. Unter diesem Blickpunkt funktionieren sprachliche Elemente nicht als Wort oder Silbe oder Laut, sondern allgemein als Mittel des Ausdrucks und der Verständigung, als konstituierende Bestandteile von Äußerungen, von ›pragmatischen Einheiten der Rede‹ (Habermas 1971, 102). Trotzdem soll in diesem ersten Teil unserer Einführung die formale grammatische Kategorisierung die Diskussionsgrundlage abgeben. Wir stellen also den ›Mitteilungsinhalt‹ von Sprache zunächst weitgehend zurück und widmen uns den ›analysierbaren Gliedern der Redefolge‹.[1] Dazu wollen wir einzelne konventionelle Vorschläge zur Abgrenzung von sprachlichen Einheiten heranziehen und untersuchen, wie sie sich in den jeweils größeren strukturellen Zusammenhang ihrer grammatischen Umgebung fügen und als Konstruktionen mit bestimmten Bau- und Ordnungsprinzipien faßbar werden.

Uneingeschränkt viele verschiedene Laute können durch menschliche Sprechwerkzeuge produziert werden. Letztlich ist jede Lautkombination neu und unverwechselbar, denn zwei wiederholte Realisationen eines Wortes werden sich im Spektrogramm kaum je ganz identisch ausnehmen. Laute und ihre Kombinationen lassen sich ohne Rücksicht auf eine bestimmte Sprache, allein durch ihre immer wieder verschiedenen physikalischen Qualitäten beschreiben.

Dennoch funktionieren Laute in den verschiedenen Sprachen als Grundlage menschlicher Kommunikation. Das ist nur deshalb möglich – so sagen die Psychologen –, weil unsere Wahrnehmungsfähigkeit bestimmte Erscheinungen zusammenzufassen gewohnt ist, weil sie unwesentliche Unterschiede vernachlässigt, aber zwischen wichtigen Details differenziert, kurz, weil sie Lautkontinua sinnvoll diskret machen kann. Und die Sprachwissenschaftler argumentieren: Die Verständigung funktioniere auf phonetischer Grundlage nur deshalb, weil in jeder Sprache die Vielfalt von Lauten in ein geordnetes System zu gliedern sei, weil dem phonetischen Erscheinungsbild eine beschreibbare phonologische Struktur zugrunde liege. Wir wollen uns die Prinzipien vergegenwärtigen, die Phonologen anwenden, um diese Muster zu entdecken, und uns fragen, ob sie sich in Beziehung zu dem setzen lassen, was Psychologen als Wahrnehmungsstrategien beschreiben, ob womöglich Einheiten, die der Phonologe isoliert, und Elemente psychischer Prozesse in irgendeiner Art aufeinander verweisen können.

Lautfunktionen

Wenn der Sprachwissenschaftler lautliche, *phonetische* Beschreibungen vornimmt, gibt er empirischem Lautmaterial eine kennzeichnende Darstellungsform, eine phonetische Umschrift. Dabei sind die phonetischen Konventionen so angelegt, daß sie für viele Sprachen verwendbar und trotzdem so eng wie möglich sind, daß also ein phonetisches Symbol für so viele ähnliche Laute wie möglich steht. Die systematische Bestandsaufnahme allerdings, die der *Phonologe* von dem Lautsystem einer ganz spezifischen Sprache vornimmt, wenn er die Phoneme dieser Sprache isoliert, ist nicht allein eine ökonomische Reduktion auf ein möglichst knappes Zeicheninventar. Sie soll die kommunikative Funktion berücksichtigen, die Laute in den einzelnen

Sprachen einnehmen; und diese Funktion kann nur sein: Verschiedenes auch verschieden zu bezeichnen, aber für Gleichbedeutendes durchgehend dieselben Konventionen bereit zu haben.

Phonetische Differenzen sind nur dann auch *phonologische*, wenn sie diese Funktion beanspruchen können; ›l‹ und ›r‹ markieren in der deutschen Sprache einen phonologischen Unterschied, weil sie z. B. entscheiden zwischen ›Lot‹ und ›rot‹, ›laufen‹ und ›raufen‹. Solche Unterscheidungen sind sprachspezifisch, denn nur die eigenen Phoneme sind für eine Sprache bedeutsam. In manchen Sprachen, wie etwa dem Chinesischen, können ›l‹ und ›r‹ beispielsweise keine Unterscheidungen dieser Art kennzeichnen, d. h. es gibt diese Laut- bzw. Phonemzweiheit dort nicht. Dagegen gibt es Differenzierungen, die bei uns nicht wirksam sind. Beim Lernen fremder Sprachen wird jeder am Anfang dazu neigen, das phonologische System der eigenen Sprache anzulegen; man muß erst neue Unterscheidungen hinzulernen und auf andere nicht zu achten lernen, um eine andere Sprache verstehen und sprechen zu können. Angehörige verschiedener Sprachgemeinschaften lernen deshalb dieselbe fremde Sprache am besten aus verschiedenen Lehrbüchern, solchen nämlich, die Unterschiede zwischen der eigenen und der fremden Phonologie von Anfang an bewußt machen (vgl. S. 95).

Phoneme sind also bezeichnet, wenn festgestellt ist, was die Angehörigen einer Sprachgemeinschaft an Lautrepräsentationen als dasselbe bezeichnend akzeptieren oder in diesem Sinne verwerfen, und der Phonologe ist für seine Bestandsaufnahme auf diese Urteile verwiesen. Unabhängig davon besteht seine systematisierende Aufgabe darin, Klassifikationsgesichtspunkte zu finden, nach denen phonologische Inventare zweckmäßig so gruppiert werden, daß Ähnliches zusammengefaßt und Unterschiedliches einander gegenübergestellt wird.

Artikulatorische und akustische Kennzeichnungen bieten sich als Ordungsgesichtspunkte unmittelbar an; auf diese Weise ergibt sich ein verzweigtes Netz von möglichen Ähnlichkeiten und Unterscheidungen. Alle Vokale lassen sich beispielsweise damit beschreiben, daß sie artikuliert werden, indem der Luftstrom ungehindert von Zähnen, Lippen oder Zunge austritt; unterscheiden lassen sie sich artikulatorisch nach der Weite und der Form der Mundöffnung. Alle anderen Laute stehen den Vokalen als die heterogene Gruppe der Konsonanten gegenüber, die sich in vielfacher Hinsicht nach der Zungenstellung, der Lippentätigkeit, der Lokalisation ihrer Bildung unterscheiden oder einander

ähnlich sein können. So stehen ›d b g‹, die alle stimmhafte Verschlußlaute sind, in Opposition zu den stimmlosen Verschluß-
lauten ›t p k‹; alle zusammen stehen als Verschlußlaute
wiederum den Dauerlauten gegenüber, die sich ihrerseits wieder
bezüglich bestimmter Aspekte voneinander abheben. Diese
Gesichtspunkte, nach denen Laute sich kennzeichnen lassen,
heißen *phonologische Merkmale* (distinctive features), und
Phoneme werden als beschreibbare Bündel solcher distinktiven
Merkmale verstanden. Nur zwölf Merkmale reichen in dem
System von Jakobson/Halle (1952) für die Beschreibung der
Lautsysteme aller Sprachen aus. Somit sind phonologische
Merkmale als Beschreibungsmittel universell verwendbar.
Allerdings gelten, wie schon erwähnt, nicht alle phonologischen
Merkmale in allen Sprachen. Es gibt zwar einige Unter-
scheidungen, die stets vorhanden sind, z. B. die zwischen
vokalisch und konsonantisch. Andere wiederum, die spezieller
sind, gelten nur für einen Teil der Sprachen und setzen dann
die grundlegenderen Unterscheidungen voraus. Aus solchen
Beobachtungen leitet Jakobson eine *Hierarchie* phonologischer
Merkmale ab. Auf diese Hierarchie müssen wir im Zusammenhang mit dem Erwerb des phonologischen Systems nochmals
zurückkommen, denn diese Hierarchie wird nicht nur für das
synchrone Erscheinungsbild der Sprachen postuliert, sondern
auch für ihre historische Lautentwicklung und für die Reihenfolge bei der ontogenetischen Aneignung der Sprache (Jakobson
1969).
Betrachten wir nun das *Sprachverhalten* und die lautlichen Einheiten, die dabei konstitutiv sind. Spricht denn etwas dagegen,
dem Phonem, einer linguistischen Einheit, die auf Grund von
Sprecherurteilen fixiert und mit verhaltenstypischen Mitteln,
nämlich mit motorischen und sensorischen Reaktionen, beschrieben wird, psychische Realität zuzugestehen? Obenhin
gesehen, mag es zunächst eher erstaunlich anmuten, daß dem
Phonem zuweilen die kommunikative Bedeutung abgesprochen,
daß es als abstraktes Element bezeichnet wird (Savin/Bever
1970, 301).
Edward Sapir (1951), prominenter Verfechter des Konzepts
der psychischen Wirksamkeit von Phonemen, führt zum Beleg
Beispiele aus der linguistischen Feldarbeit an, wo er Reaktionen
registrierte, die nur im phonologischen System erklärbar sind,
und zwar Reaktionen von Eingeborenen, die keine theoretischen
Kenntnisse ihrer Sprache, also auch nicht von ihrem phonologischen System, hatten. Aber auch Ergebnisse von kontrollier-

ten Experimenten mit statistisch gesicherter Aussagekraft deuten in diese Richtung. Libermann (1957) hat nachgewiesen, daß Phonemgrenzen im Lautspektrum sich durch psychologische Experimente bestätigen lassen. Den Probanden wurde ein Lautkontinuum akustisch dargeboten, das die stimmhaften Verschlußlaute ›b d g‹ in allen möglichen Annäherungen mit einer großen Zahl von Zwischenlauten enthielt. Die Diskriminationsfähigkeit – so zeigte sich – ist sprunghaft: Die Hörer teilen das Kontinuum deutlich in drei Abschnitte. Und bei der Darbietung von Zweierpaaren mit immer derselben physikalisch-akustischen Differenz zwischen beiden Lauten diskriminieren die Versuchspersonen besser, wenn die Laute zwei verschiedenen Phonembereichen angehören, und weniger gut, wenn sie demselben Bereich entstammen.

In Untersuchungen wie der von Miller/Nicely (1955) hat man versucht, die Kennzeichen zu isolieren, nach denen sich diese Diskriminierungsfähigkeit ausrichtet, und hat damit eine Art Beleg über die Existenz, die Unabhängigkeit und verschiedene Wirksamkeit von phonologischen Merkmalen gewonnen. Grundlage der Wahrnehmung auf lautlicher Ebene scheint danach die Möglichkeit zu sein, freie Kombinationen dieser elementaren distinktiven Merkmale zu identifizieren. Die Autoren ließen eine Reihe von verschiedenen Konsonanten benennen, die unter ablenkendem ›Rauschen‹ akustisch dargeboten wurden, und zählten dabei die Verwechslungen aus. Das ›Rauschen‹ konnte die Wahrnehmungsleistung dann nur ganz geringfügig beeinflussen, wenn als Kennzeichen Stimmhaftigkeit und Nasalität involviert waren; dagegen wurde die Unterscheidung zwischen Konsonanten, die sich lediglich durch den Ort ihrer Bildung unterscheiden, viel stärker beeinträchtigt. Greenberg/Jenkins (1964) berichten über Experimente, in denen die Nähe zweier Einheiten aus Phonempaaren zu schätzen war, die mit den Elementen ›p b t d k g‹ gebildet worden waren. Sie kamen zu folgender Verallgemeinerung: Phoneme, die sich nur in einem Merkmal unterscheiden, werden als näher zusammengehörig beurteilt, als wenn zu ihrer Unterscheidung zwei Merkmale zusammentreffen. Die intuitive Einschätzung von Zusammengehörigkeit spiegelt demnach artikulatorische und systematische Fakten.

Experimente wie diese wollen also den Nachweis dafür antreten, daß Phoneme, oder die Merkmalsverbindungen, die sie konstituieren, maßgebliche Elemente realen Sprachgeschehens sind. Welche sprachliche Leistung haben die Experimentatoren aber ihren Probanden abverlangt? Sie haben sie offenbar nicht in kommunikative Sprechsituationen im eigentlichen Sinne hineingestellt, sondern sie haben Entscheidungen verlangt: Nicht Sprechen wurde untersucht, sondern Urteil über Sprache. Auf solcher metasprachlicher Ebene aber vollzieht sich auch die primäre linguistische Theoriebildung. Deshalb ist es keineswegs verwunderlich, daß sich in Experimenten dieser Art genau das abbilden läßt, was die Theorie systematisiert. Das Phonem, seine Isolierung und Beschreibung sind in ihnen ebenso bereits ein Ergebnis metasprachlicher Überlegungen wie in der linguistischen Arbeit. Phoneme sind darum allerdings nicht bloß theoretische Elemente ohne Bezug zu psychischer Wirksamkeit, denn Urteile über Sprache gehören ebenso zur Sprachbeherrschung wie spontane Rede. Insofern existiert das Phonem für den Sprecher durchaus real. Nur dürfen wir es nicht ohne weiteres mit Funktionen im primären Kommunikationsprozeß belasten.[2]

Eine andere linguistische Beschreibungsform für Phoneme als die nach der Bedeutungsunterscheidung deutet eher auf Zusammenschluß zu größeren Einheiten hin. Sie ist insbesondere von Bloomfield (1930) und Harris (1951) erarbeitet worden. Phoneme werden dabei durch ihre distributiven Möglichkeiten gekennzeichnet, durch die Angabe der Umgebungen, in denen sie in einer Sprache vorkommen – man kann auch sagen: durch die Restriktionen, die ihrem Vorkommen durch den Kontext auferlegt werden. Klassenbildung ergibt sich durch den Zusammenschluß solcher Elemente, die bei gleichen angrenzenden Umgebungen substituierbar sind. Auch hier läßt sich das System von Klassenzugehörigkeit in einer Matrix veranschaulichen, nur sind dabei nicht Phoneme und lautliche Merkmale, sondern vielmehr Phoneme und Umgebungen aufeinander bezogen. Diese Art der Beschreibung könnte für unseren Zusammenhang deshalb interessant sein, weil sie dem realen Sprechzusammenhang von vornherein Rechnung trägt. Sie weist auf die zeitliche Dimension von Lauten hin, darauf, daß das Vorher und Nachher zählt. Unverkennbar werden ja Phoneme durch die Verschmelzung mit angrenzenden Lauten in ihrer phonetischen Erscheinungsform mit bestimmt.

Diesen Hinweis haben manche Experimentatoren aufgegriffen und die Bedeutung von Silben gegenüber der von Phonemen ausgespielt (vgl. z. B. Ladefoget/Broadbent 1960; Wickelgren 1969). Tatsächlich skandiert ein Sprecher, den man auffordert, besonders langsam zu artikulieren, ja nicht in Phonemen, sondern in Silben; Kinder laʃlen Silben, nicht Phoneme. Indessen ist die Silbe ein alltagsʃsprachliches und insbesondere ein jeweils sprach-spezifisches Konzept, das sich kaum als ein brauchbares allge-meines Beschreibungsmittel über die Sprachen hinweg gebrauchen läßt (Olmsted/Moore 1951). Vom Einsatz moderner technischer Beobachtungsmittel bei der experimentellen Lautuntersuchung, die generell recht vielversprechend sind, wird man auch über Strukturgesetze bei der Lautverschmelzung immer besseren Auf-schluß erwarten dürfen.

Lautentwicklung

Wenn Kinder Laute produzieren, die ein erwachsener Beobachter auf Grund seiner geschulten Diskriminierungsfähigkeit ohne weiteres einem Phonem zuordnen würde, so muß das noch nicht heißen, daß dieses Phonem dem Kind als sprachliches Aus-drucksinstrument auch wirklich zur Verfügung steht. Kinder können z. B. zwischen einem stimmhaften und stimmlosen ›s‹ variieren, ohne daß sie damit die Distinktion beherrschen, die diese beiden Versionen als verschiedene Phoneme kennzeichnet. Die Frage kann erst entschieden werden, wenn beide Laute in für das Kind bedeutungsvollen Kontexten erscheinen – das müssen nicht unbedingt eingeführte Wörter der Sprache sein – und dabei selektiv zwei verschiedene Signale bezeichnen. Mit der Entwicklung des Lautsystems beim Kind kann also nur der *Aufbau phonologischer Gesetzmäßigkeiten* gemeint sein. Wenn auch fortlaufende Lautregistrierungen die notwendige Grund-lage für Untersuchungen in diesem Bereich abgeben, so haben sie doch nur dann Sinn, wenn die phonetische Aufzeichnung in den Rahmen eines phonologischen Entwicklungsbildes gestellt wird. Die Beschreibung von psychischen Entwicklungsvorgängen muß dementsprechend notwendig vordergründig bleiben ohne Inan-spruchnahme der Linguistik, in diesem Fall ihrer Teildisziplin Phonologie.
Wir wollen zwei verschiedene Konzeptionen der Lautentwick-lung voneinander absetzen: einmal ihre Interpretation als allmähliches Auftauchen inhärenter Strukturen, und zum anderen ihre Interpretation als sukzessive Ausformung des Systems auf Grund von Erfahrungen mit der sprachlichen Um-welt – zwei Erklärungstypen von Entwicklungsgeschehen mit jeweils weitreichenden Konsequenzen, die wir im Laufe unseres Berichts noch öfter konfrontieren müssen.
Für die erste Erklärungsform soll Jakobsons Konzept stehen

(Jakobson 1969): Danach lernt das Kind nicht Laute, sondern Unterscheidungen zwischen Kategorien von Lauten, d. h. es lernt, mit phonologischen Merkmalen sinnvoll umzugehen. Diese Entwicklung folgt naturgegebenen Prinzipien. Die Reihenfolge, in der lautliche Unterscheidungen eingesetzt werden, liege fest und entspreche exakt der Hierarchie, die allen phonologischen Systemen zugrunde liegt. In diesem Fall sind phonologische Universalien nicht nur allgemein anwendbare Beschreibungsmittel, sondern tatsächlich vorgefundene Prinzipien.

Ein solches Entwicklungskonzept macht es freilich nötig, die Lallperiode, während deren das Kind sehr vielfältige Laute produziert, als eine vorsprachliche Episode zu vernachlässigen. Jakobson trennt dementsprechend Lallen und Sprechen scharf voneinander ab und setzt sogar gegen den neunten Lebensmonat eine kurze Zeit der völligen Stummheit an. Zu dieser Zeit verliere das Kind alle Laute, auch die, die es aus seiner Umgebung gewöhnt ist. Danach nehme für alle Kinder, ganz gleich in welcher Sprachgemeinschaft sie aufwachsen, die phonologische Entwicklung in fixer Reihenfolge ihren Lauf. Als erstes wird die Distinktion von vokalisch – nicht vokalisch entdeckt, dann bei vokalischen Lauten die Unterscheidung breit – eng (papa – pipi) und ein Zwischenlaut (pepe). Die erste konsonantische Unterscheidung ist der Gegensatz des nasalen und nicht nasalen Verschlußlautes (papa – mama), die zweite die zwischen labial und dental (papa – tata; mama – nana). Damit sind der *minimale Vokalismus* und der *minimale Konsonantismus,* die für alle Sprachen gelten, hergestellt. Erst danach folgen die für die eigene Sprache spezifischen Unterscheidungen. In der Aphasie, der hirnorganisch bedingten Sprachstörung, entdeckt Jakobson bei progressivem Abbau die umgekehrte Reihenfolge: die Einbuße von primären Lautunterscheidungen setzt die von sekundären voraus.[3]

Dieses Jakobsonsche Modell bietet ein konsistentes System, aber es muß sich den Vorwurf gefallen lassen, wenig empirisches Belegmaterial zu seiner Bestätigung beibringen zu können. Auch die von Phonologen durchgeführten genauen Aufzeichnungen (Burling 1959; Leopold 1939–1949) können nur wenige Einzelheiten bestätigen.

In *lerntheoretischen* Erklärungen des Spracherwerbs spielt das während der Lallperiode produzierte Lautmaterial eine viel substantiellere Rolle: Nur ganz zu Beginn ist Artikulation kein reaktives Verhalten, sondern gibt das Primärinventar ab – im

Sinne von Pawlows ›natürlichen Reflexen‹ oder Skinners ›emitted behavior‹.[4] Jedoch beginnt die Steuerung der Artikulation, die Konditionierung durch die Umwelt, unmittelbar.

Bekanntlich wird in der Lernpsychologie zwischen klassischem und instrumentellem Konditionieren unterschieden. In beiden Fällen geht es im Effekt um dasselbe: um die kalkulierbare Veränderung der Auftretenswahrscheinlichkeit von bestimmten Verhaltensweisen als Folge von Bekräftigung. Beim *klassischen Konditionieren* besteht die Bekräftigung in der Kontiguität von einem natürlichen Stimulus, auf den die entsprechende Reaktion mit Sicherheit folgt, und einem neutralen Reiz. Mehrere Erlebnisse dieser Kontiguität zweier Reize können zur Folge haben, daß die dem natürlichen Reiz angemessene Reaktion nunmehr auch auf den künstlichen, den ›konditionierten‹ Reiz erfolgt. Diese Reaktion würde erlöschen, wenn nicht ab und zu von neuem eine Koppelung von natürlichem und künstlichem Reiz als Bekräftigung erfolgte. *Instrumentelles Konditionieren* funktioniert in ähnlicher Weise, nur ist es hier die Konsequenz eines Verhaltens (Lob z. B.), die die Bekräftigung darstellt. Eine Bekräftigung für konditioniertes Verhalten muß nicht immer dieselbe bleiben: Andere, mit der Situation verknüpfte Aspekte können als sekundäre Bekräftiger diese Funktion übernehmen. Wir können diese grundlegenden Mechanismen an dem Erwerb phonologischer Ausrüstung exemplifizieren:

Laute, die Pflegepersonen in Gegenwart des Säuglings artikulieren, können durch Koppelung mit primären Reizen (etwa mit der Nahrung) den Wert von konditionierten Stimuli erhalten. Das Kind wird versuchen, sich diese Repräsentation auch in Abwesenheit der Pflegepersonen herzustellen; es wird sich daher bemühen, sie selbst zu produzieren (Mowrer 1960). *Oder:* das Kind imitiert Laute, für die es zunächst global von der Umwelt durch Zuwendung belohnt wird. Die Pflegepersonen werden mehr und mehr jene Laute selegieren und bekräftigen, die eine Annäherung an Phoneme ihrer Sprache darstellen. Auf diese Weise geschieht durch sukzessive Annäherung eine allmähliche Ausformung des lautlichen Systems der umgebenden Sprache (Skinner 1957). Es ist in dieser Sicht nur plausibel, daß distinktive Laute, die besonders häufig in einer Sprache eingesetzt sind, auch die größere Chance haben, früher gelernt zu werden (Fry 1966). *Oder:* das Kind imitiert Laute, die es hört, und wird dafür belohnt. Allmählich übernimmt stellvertretend allein die Ähnlichkeit des imitierten Lauts mit der Vorlage die sekundäre belohnende Funktion (Miller/Dollard 1941).

Mit dem letzten Gesichtspunkt ist ein Lernmechanismus ange-sprochen, der offenbar für den Spracherwerb von besonderer Be-deutung ist: Einen Laut, den das Kind nach einer Vorlage arti-kuliert, hört es nicht nur selber und vergleicht ihn so mit der akustischen Vorlage; es verbindet auch die eigenmotorischen Be-wegungen beim Sprechen mit dem Gehörten. Es geschieht also eine Koppelung zwischen akustischer Wahrnehmung und der Rückmeldung von eigenen Muskelinnervationen. In manchen Darstellungen, z. B. der Motor-Theorie der Sprachwahrnehmung von Liberman (1963), erscheint diese Koppelung als die Grund-lage der Sprachteilhabe überhaupt. Sprachwahrnehmung ist hier Reagieren auf propriozeptive Reize. Auch in dem Modell der Sprachwahrnehmung von Halle/Stevens (1964), das sehr kenn-zeichnend mit dem Begriff einer ›analysis-by-synthesis theory‹ operiert, wird postuliert: Verstehen beruhe darauf, daß der Pro-duktionsprozeß nachgebildet werde. Auf diese Weise rechtfer-tigt sich die Einheitlichkeit von Sprecher- und Hörergrammatik (vgl. auch Miller/Chomsky 1963).

Wir können von hier aus einräumen, daß manches dafür spricht, Phoneme durch artikulatorische Kennzeichnungen zu bestimmen. Sollen wir die früher angesprochenen Ergebnisse Libermans (1957), die besonders gute Diskriminierungsleistungen an Pho-nemgrenzen (›Leistungsgipfel‹ in der graphischen Darstellung) ausgewiesen haben, nun vorwiegend auf Artikulationsbewegun-gen, also auf die Distinktheit der neurologischen Korrelate zu-rückführen? Für solche Interpretation sprechen beispielsweise die vergleichenden Untersuchungen von Fry und anderen (1962) mit Vokalen. Sie fanden bei diesen Phonemen, die – artikulato-risch beschrieben – ja tatsächlich auf einem Kontinuum ohne markanten Übergang produziert werden, keine entsprechenden Bereiche mit ausgeprägter Diskriminierungsfähigkeit.

Fassen wir zusammen: mit dem Erwerb des phonologischen Systems verschafft das Kind sich das Rüstzeug, um mit seiner Umwelt sinnvoll zu kommunizieren. Es muß dabei sprachspezi-fische kategoriale Lautähnlichkeiten und -unterscheidungen er-lernen. Dieses Lernen besteht zu nicht unbeträchtlichen Teilen im Vollzug der Koordination motorischer Bewegung und aku-stischer Wahrnehmungsfähigkeit. Bei aller Steuerbarkeit der phonologischen Entwicklung durch die Umwelt, die die Lern-theorie plausibel machen kann, fallen Gemeinsamkeiten auf wie die, daß alle Kinder zu ungefähr derselben Zeit beginnen, pho-nologische Unterscheidungen einzusetzen. Auch gibt es gewisse grobe Übereinstimmungen über die Sprachen hinweg in den ersten Lauten, über die Kinder fest verfügen – Umstände, die auf den Anteil der biologischen Grundlage an der Sprachentwicklung verweisen könnten.

Lautsymbolik

In gewisser Weise liefert auch das Thema der *Lautsymbolik*[5], auf das wir zum Schluß kurz eingehen wollen, eine Illustration zu dem Problem unseres letzten Abschnittes: der Idealkonkurrenz solcher verschiedenartigen Interpretationsweisen.

Wenn man die verschiedensten Informanten nach ihrer Einschätzung von Lauten oder Lautverbindungen fragt, so trifft man auf eine ganz erstaunliche Einmütigkeit. Ob es darum geht, zu Geräuschen Namen zu finden (Wissemann 1954) oder abstrakten Figuren Phantasienamen zuzuordnen (Köhler 1947) oder ob es sich um explizite Urteile handelt, wie Sapir sie von seinen Versuchspersonen verlangte (Sapir 1929 a)[6]: immer gibt es große intuitive Übereinstimmungen darüber, wie phonetische Gebilde als nicht-phonetische Eigenschaftsträger verstanden werden. Sollte also schon der Laut eine Bedeutung haben, und nicht erst das Morphem, das oft in der Linguistik als die kleinste bedeutungstragende Einheit definiert wird (z. B. von Hockett 1958, 123)? Es ist evident, daß hier verschiedene Verständnisse von ›Bedeutung‹ durchscheinen. Was mit der Definition des Morphems angesprochen ist (vgl. S. 88), das betrifft sprachliche Konvention, die bestimmte Lautverbindungen an bestimmte Inhalte fixiert oder umschreibbare Funktionen von Lautkomplexen im Kontext. Das lautsymbolische Phänomen weist hingegen auf einen anderen Aspekt – Sapir nennt ihn *expressive meaning* –, der sich allein durch vokalische und konsonantische Kontraste ergeben soll.

Die nur vordergründige, aber zunächst naheliegendste Erklärung für die auffallende interindividuelle Übereinstimmung bezüglich dieses Bedeutungsaspekts (wie sie beispielsweise von Hockett 1958 gegeben wird) wäre, daß sie auf assoziativen Verknüpfungen mit sinnhaltigen Wörtern beruhe. Wenn Sapirs Versuchspersonen ›mal‹ als den größeren und ›mil‹ als den kleineren Gegenstand ansehen, dann mag das auf lautliche Ähnlichkeit mit ›large‹ und ›little‹ beruhen. Aber sind nicht ›big‹ und ›small‹ ebenso geläufige Größenbezeichnungen im Englischen? Vor allem macht die Einmütigkeit im Urteil ja auch nicht an Sprachgrenzen halt, sondern gilt für Angehörige ganz verschiedener Sprachgemeinschaften.

Aus diesem Grund hat man nach einem universellen Erklärungsrahmen für dieses Phänomen gesucht. Mit dem ›semantischen Differential‹ (vgl. S. 34 f.), hat Osgood (1962) vergleichende Untersuchungen in verschiedenen Sprachbereichen durchgeführt. Er kommt zu dem Schluß, daß es ein sprachlich und kulturell unabhängiges affektives Urteilssystem gibt, dessen Struktur sich auf wenige grundlegende Dimensionen reduzieren läßt. Ertels (1969) Arbeit zielt in dieselbe Richtung. Er hat die verschiedensten Lautcharaktere einer Dimensionsanalyse unterzogen und auf Grund zahlreicher stützender Einzelergebnisse allgemeinqualitative Invarianten der Empfindungs- und Wahrnehmungsorganisation beschrieben.

Es gibt allerdings noch andere Erklärungen für das Phänomen der nicht sprachspezifischen Lautsymbolik. Brown (1958 b) sieht Lautbedeutungen in der Erfahrung von Kovariationen verschiedener Sinneseindrücke begründet: zum Beispiel werden große Objekte, wenn man sie in Schwingung versetzt, mit geringerer Frequenz schwingen als kleinere. Sie werden also ›tiefer‹ klingen, so wie ›mal‹ tiefer klingt als ›mil‹. Vielfache Erfahrung dieser und anderer physikalischer Konstanzen kann zu Assoziationen zwischen Eindrücken aus verschiedenen Sinnesbereichen führen. Wenn man dazu die Wirksamkeit der Rückkoppelung eigenmotorischer Tätigkeit und ihre assoziative Verknüpfung mit Wahrnehmungsinhalten hinzuzieht, dann mag sich das Mysterium der universalen Lautsymbolik auflösen in das physiologische Problem von einheitlicher Ausrüstung menschlicher Sprechorgane und in das nicht sprachliche Problem allgemeiner Schallgesetze.

Wörter

Welche eigenständigen Kennzeichen qualifizieren Wörter zu Einheiten sprachlicher Analyse? Sie sind Repräsentanten diskreter Bewußtseinsinhalte, Träger von Bedeutungshaltigkeit, Abbildungen von Objekten? Solche Bestimmungen halten schon ersten Verifikationen nur eingeschränkt stand: Längst nicht allen Wörtern entsprechen disjunkte Inhalte, und das Attribut der Bedeutungshaltigkeit kommt, mit je größerem Bedacht es umschrieben wird, auch anderen Einheiten — womöglich sogar mit mehr Berechtigung — zu. Die Sprachpsychologie hat dennoch weitgehend mit großer Selbstverständlichkeit das Wort als die natürliche und intuitiv gegebene sprachliche Untersuchungseinheit vorausgesetzt.[7]

In der Sprachwissenschaft gibt es daneben auch eine gewisse Favorisierung des *Morphems*[8], das seinerseits vielfach als kleinste bedeutungsvolle Einheit von Sprache bezeichnet wird. ›Bedeutungsvoll‹ ist hier jedoch nicht nur eine auf den Inhalt zielende Umschreibung; gemeint ist vielmehr auch die Funktion, die ein Element durch seine Stellung im Kontext einnimmt und die es mit anderen, an seiner Stelle austauschbaren, teilt.

Nehmen wir die Lautverbindung ›älter‹. Sie besitzt zwei Elemente mit bestimmbarer Funktion: ›alt‹ kann u. a. zur Charakterisierung vor ein Nomen plaziert werden und ist austauschbar gegen zahlreiche Beispiele aus derselben Klasse von Basismorphemen; ›er‹ hat hier die Funktion, ›alt‹ im Sinne der Hinzufügung des Komparativs zu modifizieren. Von einer einmal festgelegten Funktion der Lautverbindung ›er‹ kann aber keine Rede sein: Es gibt sie für eine ganze Reihe von verschiedenen Verwendungen, z. B. hat sie in ›Schwimmer‹ eine andere Funktion, nämlich die eines an das Verb applizierten Operativs. Grob getrennt gibt es zwei Arten von Morphemen: solche, die im Lexikon ihren Platz haben, und solche, die (wie Komparativmorpheme, Tempus- oder Pluralmorpheme) in verschiedener Weise auf diese Elemente einwirken. Sie haben ihren Platz in der Grammatik; sie sind leer an lexikalischem Inhalt, aber Träger von Funktionen.

Für eine funktionale Klassifizierung des Lexikonmaterials einer Sprache können solche Beschreibungsformen praktikabel, ökonomisch und schon deshalb sinnvoll sein. Ob sie darüber hinaus auch Kategorien für die Beschreibung der Encodier- und Decodieroperationen im Sprachgebrauch liefern können, ist eine Frage, die zu untersuchen sich gewiß lohnt. Vor allem im Hinblick auf neuere Gedächtnisforschung, die über Speicherungs- und Abrufprozesse ähnlich ökonomische Funktionsprinzipien beschreibt,[9] könnte es sinnvoll werden, morphologische Deskription mehr als bisher in psycholinguistische Überlegungen einzubeziehen. Es könnte recht plausibel erscheinen, daß bei der Encodierung einer Äußerung wie ›sie-spiel-ten-fuß-ball‹ die Morphemgrenzen auch bestimmte Teilstrategien beim Abruf aus den Gedächtnisspeichern spiegeln: Aufsuchen der Basismorpheme – ihre Variierung durch Tempus- und Konjugationsmorpheme entsprechend der intendierten Funktion – Synthese von Komposita gemäß der hierarchischen Anordnung der gespeicherten Elemente.

Die Sprachpsychologie hat sich bei der Vernachlässigung des Morphems zugunsten des Wortes womöglich allzusehr von den

Gewohnheiten der Schriftsprache leiten lassen, und Kennzeichnungen wie diese: ein Wort sei das, was in geschriebener Sprache zwischen zwei Leerstellen stehe, oder es sei »minimal free form« (Bloomfield [8] 1965, 178), geben vielleicht den Sachverhalt ganz ehrlich wieder. Freilich gibt es gute Gründe dafür, daß wir uns im folgenden mit Wörtern und Wortbedeutungen ausführlicher befassen müssen.

Wortbedeutungen

Auf die vielschichtigen Verständnisweisen von ›Bedeutung‹ aufmerksam zu machen, ist in der linguistischen Literatur geradezu zum Topos geworden.[10] Mit der dadurch indizierten Auffächerung des Bedeutungsbegriffs und vor allem mit einem immer deutlicheren Bezug auf größere Kontexte verbindet sich konsequent der Zweifel, ob die Beschäftigung mit der Bedeutung isolierter Wörter sich überhaupt lohne. Daß solche isolierten Wortbedeutungen für die jüngere Semantikdiskussion zumindest nicht mehr das zentrale Thema sind, signalisieren Schlagworte wie ›Satzsemantik‹, ›Textsemantik‹, ›situative Semantik‹ deutlich genug. Für unseren Zusammenhang ist die Diskussion von Wortbedeutungen jedoch insofern unverzichtbar, als wir von hier aus ein paar erste Überlegungen zur Konstitution und zur Vermittlung von Begriffen anstellen können.

Man hat sich zur Veranschaulichung der Beziehungen zwischen Symbolen, bezeichneten Objekten und der durch Objekte ausgelösten Vorstellungen häufig der triadischen Darstellungsform des Referenzdreiecks bedient.[11]

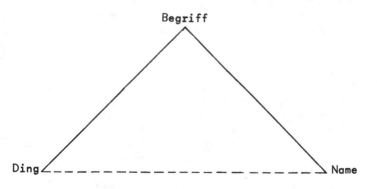

Aus Schmidt 1969, S. 11

Die Verbindungslinien sollen die Aussage veranschaulichen, daß die ›Bedeutung‹ in jeweils unabhängiger Beziehung sowohl zum Objekt wie zu seiner Bezeichnung steht, daß diese beiden dagegen nur indirekt – nämlich über den Begriff vermittelt – in Beziehung treten. Ogden/Richards (1923) beschrieben dieses Beziehungsnetz als ein Ursache-Wirkungs-Verhältnis, als Reiz-Reaktions-Beziehung zwischenmenschlichen Verhaltens: ›Bedeutung‹ ist der Prozeß der Interpretation durch den Zeichenbenutzer, also seine Reaktion auf Referenten und Signale. Diese pragmatische Konzeption, in der Bedeutung und Handlung identifiziert werden, weist auf die enge Verquickung von Beschäftigung mit Sprache und allgemeiner Verhaltenslehre und bezeugt die Aufmerksamkeit, die behavioristische Psychologen wie Watson (1924) und A. P. Weiss (1925 a) über die Fachgrenzen hinaus gefunden haben.[12] Insbesondere Weiss übte unmittelbaren Einfluß auf Bloomfield aus, dessen Beispiel von *Jack und Jill* schließlich eine besonders einprägsame Veranschaulichung geworden ist für dieses Verständnis von ›Bedeutung‹ als Wirkung der Verbalisation, als Bindeglied und Ersatzhandlung zwischen dem Verhalten des Sprechers und dem des Hörers:

Jill sieht am Baum einen Apfel hängen (S). Sie könnte hingehen, den Apfel pflücken und hineinbeißen (R). Ist diese einfache Handlung aber nicht möglich, hängt der Apfel z. B. zu hoch, so kann sie Jack bitten, ihn ihr herunterzuholen. Statt der einfachen Verknüpfung S → R läge damit die Verhaltenssequenz S → r (Jill spricht etwas) → s (das Jack veranlaßt, den Apfel zu holen) → R (was schließlich zur intendierten Reaktion vermittelt).

Der hier anklingende Begriff der Mediation, der Bedeutungsvermittlung, ist im Laufe der weiteren Entwicklung der Lernpsychologie zu einem Schlüsselbegriff in der psychologischen Diskussion über ›Bedeutung‹ geworden. War damit zunächst die registrierbare Vermittlung zwischen Interaktionspartnern gemeint, so wurde der Begriff später – seit der Auflockerung des Kriteriums der strengen Beobachtbarkeit – immer mehr für vermittelnde Prozesse innerhalb der internen Verhaltensorganisation und zwischen Aspekten der Stimuluskonstellation reserviert. Wir wollen uns die Funktion dieses Mediationsbegriffs vergegenwärtigen, indem wir drei S–R Modelle für die Entstehung und Vermittlung von Bedeutungen gegeneinander halten.[13]

Das einfache Modell der klassischen und instrumentellen Konditionierung *(single stage model):* Ein Zeichen erwirbt seine Bedeutung durch die Koppelung mit dem bezeichneten Gegenstand oder Ereignis und durch Bekräftigung, die die Situation mit sich bringt. Die Wirksamkeit der Bedeutung manifestiert sich in der gleichen Reaktion, die nach Abschluß der Konditionierung nicht nur vom Gegenstand selbst, sondern auch vom Zeichen allein evoziert wird. Ein Sprachteilnehmer hat also die Bedeutung eines Zeichens ›begriffen‹, wenn er auch unter veränderten Bedingungen, in variablen Kontexten der Kommunikation, auf dieselben Zeichen ebenso konstant reagiert wie auf dieselben Objekte. Zeichen sind hier Namen für Objekte oder – nach Maßgabe der Wirksamkeit von Stimulusgeneralisation – für Klassen von Objekten. Sie haben schlicht die Funktion, Objekte zu ersetzen.

In der Tat lernen Kinder auf solche Weise Wörter ›verstehen‹, und selektive Bekräftigung spielt zweifellos eine wichtige Rolle, wenn sie lernen, diese Wörter selbst zu artikulieren und sinnvoll einzusetzen. Ebenso bezeugen zahllose Experimente aus dem Umkreis der *semantischen Generalisation* die Wirkung solcher Mechanismen: Reaktionen, die im Experiment auf bestimmte Objekte konditioniert werden, sind ebenso auf die Darbietung der sie bezeichnenden Wörter zu beobachten.[14] Dieses Ersetzungsmodell für die Vermittlung von Wortbedeutungen kann also unbestreitbar einen Aspekt des Sachverhalts wiedergeben.

Ebenso unbestreitbar sind jedoch auch seine Mängel; sie geben der Kritik ein beträchtliches Angriffsfeld.[15] Denn dieses Modell setzt für den Lernakt stets das konkrete Vorhandensein des Referenten voraus und belegt deshalb gerade den Anteil sinnvoller Kommunikation nicht, der Sprache vor der Verständigung in der Tierwelt auszeichnet: die rein verbale Übereinkunft, die Möglichkeit, von Abwesendem zu sprechen. Ferner ist das beschriebene Modell auf die Stabilität von fixen Beziehungen zwischen Reizen und Reaktionen, auf eins zu eins interpretierbare Relationen zwischen verbalen Appellen (Bühler 1934) und respondierendem Verhalten angewiesen. Dies bedingt, daß gerade die interpretationsbedürftigsten Aspekte von Kommunikation von vornherein dem Zugriff verschlossen bleiben: die Akte des subjektiven Verstehens von Äußerungen und des ›Meinens‹ mit einer Äußerung, die *illocutiven* Anteile allen Sprechens (vgl. S. 101). Der in diesem Modell einzig angesprochene Umgang mit Wörtern ist aus der Gesamtheit der *Sprachspiele,* die nach Wittgenstein (1953) eine Sprache konstituieren, nur eines, das vordergründigste: das reine Benennungsspiel. Wörter dienen vielen Arten der Verwendung. Zwar können sie auch als Namen gebraucht werden. Was aber ein Wort bedeutet, das lernt man nicht, indem man merkt, worauf es sich bezieht, sondern viel eher, indem man realisiert, welche Dienste es in den verschiedensten kommunikativen Situationen leisten kann.

Das nächste Modell in unserer Reihe ist das Zwei-Stadien-Modell der Mediation *(two stage mediation model):* Das Paradigma des ersten Modells dient diesem als erster Schritt: Ein Zeichen erhält Bedeutung durch direkte Koppelung mit einem Objekt oder einem Ereignis. In einem zweiten Stadium wird ein Element des ersten Vorganges mit einer neuen Einheit verknüpft. Der Erfolg ist, daß damit gleichzeitig auch eine Verbindung entsteht zwischen der neuen Einheit und jenem Element des ersten Vorgangs, mit dem es selbst gar nicht in Berührung gekommen war.

So ist die Notwendigkeit der unmittelbaren Präsenz des Objekts aufgehoben. Die Vermittlung kann über ein schon mit Bedeutung belastetes Zeichen geschehen; jedoch bleibt der Vermittler ein beobachtbares Ereignis, z. B. die Vokalisation eines Wortes. Wenn dieses Modell auch eine flexiblere Beschreibung von Bedeutungsübertragungen erlaubt, so bleibt es damit doch eine bloße Weiterführung des ersten und hat letztlich dieselbe Kritik zu erwarten. Ebenso wie das erste Modell kann es strikte Zuordnungen zwischen Referenten und Zeichen nur begrenzt über den Mechanismus bloßer Stimulusgeneralisation auflockern. Vorzüge hat dieses Modell jedoch gegenüber dem anderen für die Erklärung von assoziativen Zusammenhängen zwischen Wörtern im Hinblick auf allgemeinere Ordnungsgesichtspunkte, und es kann damit beispielsweise die Entstehung von grammatischen Kategorien nachbilden. Wir werden später auf diesen Punkt zurückkommen (vgl. S. 37 f.).

Schließlich das Modell der stellvertretenden Vermittlung *(model of representational mediation):* Den Unterschied zum vorigen Modell kennzeichnet nur ein Schritt, allerdings ein gewichtiger: Die Vermittlungsinstanz zwischen Objektbereich und Zeicheninventar muß nicht mehr eine explizite und registrierbare Reaktion sein. Sie kann eine implizite, nicht sprachliche Teilreaktion, eine ›symbolische‹, stellvertretende Größe (r_m) sein. Dieser Kunstgriff vermag einen schwerwiegenden Kritikpunkt gegen unser erstes Modell auszuschalten: Mit ihm wird ein Konstrukt für interne Informationsverarbeitung von Sprechern und Hörern begründet, das sich in den Rahmen eines Lernmodells stellt, und damit prüfbare Hypothesen auch über den komplexen Vorgang der Begriffsbildung liefern will.

Das Konzept der *mediating response* (r_m) als hypothetisches Konstrukt[16] läßt sich in der amerikanischen Lernpsychologie bis zu Clark Hulls *fractional antedating goal reaction* zurückverfolgen (Hull 1931, 1934, 1935). Mit ihm wurde das klassische Reiz-Reaktions-Bekräftigungs-Schema als zeitliche Abfolge verursachender Ereignisse nach rückwärts aufgebrochen. Das klassische Erklärungsprinzip – beruhend auf Kontiguitäten, Wiederholungen und Bekräftigungen als Konsequenz von Verhaltensweisen – bietet ja manche Schwierigkeit angesichts von Problemen wie Antizipation, zielgerichtetem Verhalten, Motivation, Kreativität, für die sich nicht immer eine unmittelbar verursachende Lerngeschichte aufzeigen läßt. Man hat sich die *mediating responses* als Verhaltenssegmente (representational, most easily detachable parts of responses) vorzustellen, genauer: als ihre möglichen cerebralen Repräsentationen, die ihrerseits wieder als propriozeptive Stimulation Verhaltensantrieb leisten. Beobachtbare Verhaltenssequenzen sind hiernach nicht nur eine Antwort auf äußere Stimulation, ihr Ablauf ist sozusagen gepflastert mit Mediatoren und propriozeptiven Hinweisreizen aus dem früheren Erfahrungsbereich, die selber weiterführende Impulse geben können.

Mit dem Einbau solcher zunächst nicht beobachtbarer Erklärungselemente sind entsprechende Verhaltensmodelle viel beweglicher geworden, wenn auch objektive Nachprüfbarkeit, eine Haupttugend behavioristischer wissenschaftlicher Arbeit, damit weniger unmittelbar garantiert ist. Denn nun können dieselben vermittelnden Segmente und ihre Kombinationen zu den verschiedensten Verhaltensweisen führen, oder umgekehrt verschiedenartige Mediatoren zum gleichen Verhalten. Der Vielschichtigkeit, der Vielzahl von Aspekten von Stimulusmaterial und Reaktionsrepertoire und ihrer Bezogenheit aufeinander wird ein solches kompliziertes Netzwerk von Abhängigkeiten viel besser gerecht. Es ist deshalb nicht verwunderlich, daß von diesem Konzept eine Fülle von lernpsychologischen Theorieansätzen ausgegangen ist. Zum Beispiel ist dieses Konzept ein Hauptelement in Osgoods Verhaltenstheorie (1953); bei Tolman (1948) geht es in den Begriff ›cognition‹ ein; Dollard/Miller (1950) machen es für die Theorie der Psychotherapie nutzbar; Maltzman (1955) führt es in die Denkpsychologie ein; Mowrer (1954) verwertet es für seine Theorie des Satzes; Cofer/Appley (1964) gründen darauf ihren Beitrag zur Motivationslehre.

Die Vorzüge des differenzierteren dritten Modells gegenüber den anderen liegen für unseren Zusammenhang in seinem spezifischen, auf internen Verarbeitungsprozessen fußenden Beitrag zum Problem der Begriffsbildung und Begriffsverwendung: Begriffe sind nicht eindimensional oder unimorph, sie sind auch – abgesehen von Spezialfällen wie z. B. wissenschaftssprachlichen Übereinkünften – nicht ein für allemal verbindlich definiert. Sie bezeichnen nicht lediglich gelernte Konstanten, die immer identisches Verhalten evozieren. Vielmehr sind sie strukturierte Mengen von Stimulusattributen und internen Verarbeitungsweisen; sie sind individuell geformte Entitäten.

Carroll (1964 b) trennt entsprechend ›concept‹ ab von ›meaning‹, d. i. von sozial standardisierter Denotation. Freizügiger und schöpferischer Umgang mit der Begrifflichkeit beruht auf zwei im Idealfall ausgewogenen Tendenzen: individuelle *Begriffe* mit sozial geprägten *Bedeutungen* in Einklang zu bringen und neue Begriffe zu konstituieren aus der Konfrontation festgeschriebener Bedeutungen mit variablen Situationen.[17] Entwickelt wird solcher Umgang mit Sprache als zunehmende Differenziertheit der Reaktionsmöglichkeiten auf immer mehr verschiedene Aspekte von Stimulusmaterial. Einerseits ist im Laufe der Begriffsentwicklung eine Tendenz zu größerer Generalität, zu größeren Allgemeinheitsgraden von Begriffen zu konstatieren: Es genügen immer weniger und auch weniger typische Hinweisreize, um einen Begriff zu evozieren, während dafür zu Beginn alle wahrgenommenen Aspekte zusammenkommen müssen, oder zumindest auf eindrucksvolle Hinweise nicht verzichtet werden kann. Andererseits gibt es die Tendenz zu immer feinerer Differenzierung und Auflösung von komplexen Sachverhalten in eine vielschichtige begriffliche Strukturierung.

Mit der Betonung von internen Prozessen im nervösen Apparat des Sprachteilnehmers bei der Begriffsbildung und speziell auch von affektiven Begleiterscheinungen des begrifflichen Sprachgebrauchs geht die explizite Abkehr von der einlinigen Referenzbeziehung zwischen Zeichen und Objekt in der psychologischen Behandlung von Bedeutung einher. In Osgoods Arbeiten zum *semantischen Differential* ist – terminologisch etwas verwirrend – mit ›meaning‹ sogar nur noch der konnotative, affektive Aspekt der Bedeutung angesprochen. Hier ist ›Bedeutung‹ die Menge der vermittelnden Assoziationen (r_m), die für die Einstellung des Individuums gegenüber Objekten oder Ereignissen maßgeblich ist, also sein ganz *individueller* Begriff von ihnen.

Da – wie wir gesehen hatten (S. 32 f.) – die verschiedensten Stimuli gemeinsame Mediatoren besitzen können, werden Wörter mit ganz verschiedener denotativer (referentieller) Bedeutung hinsichtlich ihrer Konnotation oft sehr ähnlich, zumindest aber in einem einheitlichen Schema vergleichbar, eingestuft. So vielfältig nämlich die angesprochenen internen Prozesse im einzelnen auch sein mögen, sie lassen sich ganz bestimmten *Dimensionen* zuordnen, die auf universelle Beschreibbarkeit der Grundstruktur von affektiven Urteilen hinweisen. Eine große Zahl von Urteilsskalen (begrenzt durch polare Adjektive) und ein äußerst umfangreiches Belegmaterial, das Osgood und seine Mitarbeiter erhoben haben, lassen nach faktorenanalytischer Auswertung den Schluß auf drei Hauptfaktoren des ›semantischen‹ Raumes zu, die als *evaluative, potency, activity factors* bezeichnet werden. Bedeutung in diesem Sinne ist somit ein meßbares Konzept, definiert durch die faktorielle ›Ladung‹, die ein Referent auf diesen drei Faktoren hat, d. h. durch seine Anordnung im dreidimensionalen Raum psychischer Allgemeinheitsqualitäten, oder konkret: durch sein Profil im *semantischen Differential*. Mit Hilfe dieses Instruments lassen sich Profile der verschiedensten Referenten miteinander vergleichen, ihr Korrelationsmaß bestimmen, Attitüden messen oder Einstellungsänderungen nach erfolgter manipulierter Informationseingabe verifizieren, Stereotypen und ihre Verteilung auf repräsentative Gruppen untersuchen – um nur einige Anwendungsmöglichkeiten zu nennen.

Es ist des öfteren Anstoß daran genommen worden, daß Osgood dieses Meßinstrument *semantisches* Differential nannte, anstatt mit einem weniger anspruchsvollen Etikett zu kennzeichnen, daß hier nur Teile von ›Bedeutung‹ angesprochen sind. Auch die von Osgood vollzogene scharfe Trennung von psychologischer und linguistischer Bedeutung[18] ist als illegitim und irreführend getadelt worden (Weinreich 1958; dagegen Osgood 1959). Diese Kritik ist schon deshalb berechtigt, weil es im weiteren Verfolg semantischer Forschung ja gerade nicht darum gehen kann, den Disziplinen ihren isolierten Aspekt des Problems zuzuordnen, sondern vielmehr darum, Beziehungspunkte zwischen ihnen zu diskutieren und ein gemeinsames übergreifendes Konzept mit einheitlichem Beschreibungsrahmen zu erarbeiten.

Im Sinne der Vorbereitung auf eine solche kooperative Forschung gebührt Osgoods Arbeit jedoch das besondere Verdienst, einen Gesichtspunkt in die Diskussion eingebracht zu haben, der in der zünftigen linguistischen Semantik vielfach vernachlässigt wird: daß Bedeutung prinzipiell instabil ist, der Veränderung unterworfen, abhängig von wechselhaften sozialen Übereinkünften, situativen Kontexten und individuellen Interpretationen.

Gerade diesem fluktuierenden Aspekt von Bedeutung, der Variabilität von Konnotationen, kann eine nur mit einem normierten Lexikon arbeitende Semantik nicht gerecht werden, wie sie etwa von Katz/Fodor (1964) angeboten wird. Dort ist die Bedeutung von Wörtern ein gegliedertes Bündel von fixen syntaktischen und inhaltlichen Merkmalen, und Lexikoneintragungen bedeutungsmäßig zu interpretieren heißt, ihre kleinsten sinnkonstituierenden Elemente aus einem feststehenden, endlichen Inventar von Komponenten zu bestimmen. Gauger (1969) bemängelt an einem solchen System eben dies: daß damit die Vorstellung einer »geschlossenen Gesellschaft« von Merkmalen (12) erweckt wird, und Verschiedenheit einzelner Wortinhalte nur auf einer verschiedenen Auswahl aus einem ein für allemal fixierten Satz von Sinneinheiten beruhe, daß ein solches System eine »leer in sich selbst kreisende Kombinatorik« (14) sei.[19]
Folgt man einer von Manfred Bierwisch beschriebenen Ausdeutung solcher Grundlage von semantischer Analyse, so sind semantische Merkmale »certain deep seated, innate properties which determine the way in which the universe is conceived, adapted, and worked on« (Bierwisch, 1967 a, 3). An diesem Punkt stellt sich zu Osgoods methodischem Vorschlag für semantische Analyse fast wieder eine Verbindung her. Denn auch Osgood reduziert ja eine Vielfalt von Beobachtungsmaterial auf wenige zugrundeliegende Faktoren. Nur versteht er diese Reduktion nicht inhaltlich-anthropologisch, sondern abstraktmethodisch als Ergebnis experimenteller Operationen. Dieser zweifachen Deutungsmöglichkeit von Universalienkatalogen werden wir später noch mehrfach wiederbegegnen.

Wortklassen

Bisher war von Wörtern im Bedeutungszusammenhang mit außersprachlichen Größen, zu Referenten und subjektiven Begriffsrepräsentationen die Rede. Die assoziativen Verbindungen, die Wörter auch zu anderem Wortmaterial eingehen können, sollen uns nun beschäftigen.
Wenn sprachliche Elemente in Sequenzen häufig miteinander vorkommen, kann die assoziative Verbindung zwischen ihnen bedingen, daß ein erstes Element schon allein aus diesem Grund zum Stimulus für das folgende wird und es mit einer gewissen Wahrscheinlichkeit nach sich zieht. Solche sequentiellen Verknüpfungen resultieren in größeren und daher ökonomischeren Einheiten für Wahrnehmungs- und Gedächtnisleistungen: Wir

erkennen und lernen Wörter leichter als zufällig aneinandergereihte Buchstabenfolgen – und Sätze leichter als durch Zufall hergestellte Wortreihen. Das braucht noch gar nicht an dem ›Sinn‹ zu liegen, den Wörter und Sätze zufälligen Folgen voraus haben. Die Sprache, mit der wir umgehen, ist ganz einfach redundant. Wenn wir bei kurzer optischer Darbietung etwa sieben Einheiten einer sinnlosen Buchstabenfolge wahrnehmen können, so nehmen wir bei gewohntem Wortmaterial auch nicht mehr als sieben Einheiten auf: Sie sind lediglich größer auf Grund ihrer Redundanz durch assoziativen Zusammenhang (G. A. Miller 1956 a + b).

Solche assoziativen Verbindungen bedingen nicht nur eine Erleichterung für Erkennungs- und Lernleistungen, sie haben auch systematisierende Konsequenz: Sie stiften Klassenbildung innerhalb von sprachlichem Material. Nehmen wir an, die Folgen ABCD und ABCE kommen unabhängig voneinander in einer Sprache ähnlich häufig vor. Das Bruchstück ABC wird dann als Stimulus sowohl für D wie für E dienen und beide mit bestimmter, aus dem Corpus der Erfahrung resultierender Wahrscheinlichkeit evozieren. Der gemeinsame Kontext vermittelt damit auch eine Assoziation zwischen den beiden Elementen D und E, die dazu gar nicht notwendig miteinander vorgekommen sein müssen (Jenkins 1969). Sie gehören damit zu einer Klasse von Elementen, deren Zusammenhalt ihre Stellungsmerkmale im Kontext sind.

Dies ist ein Niederschlag von Mediationsgeschehen, zwischen Stimuli, das früher in diesem Abschnitt erläutert wurde, und es ist ein möglicher psychologischer Beleg für die Formation von grammatischen Kategorien aus distributiven Kennzeichen. Linguistische Systematisierungen, in denen »Wortarten . . . festgewordene und dann obligatorische Satzstellenangaben« (Hartmann 1959 a, 104) sind, lassen sich auf solche Weise plausibel mit lerntheoretischen Argumenten abstützen – anders als jene Kategorisierungen, die rein auf inhaltlicher und inhaltlich-funktionaler Deutung beruhen.[20] Daß jedoch einzelne Wortklassen ihrerseits auch nach inhaltlichen Gesichtspunkten strukturiert sind, läßt sich wiederum lernpsychologisch motivieren: Hohe Assoziationsstärken zwischen Angehörigen einer Wortklasse weisen neben syntaktischen gemeinsamen Merkmalen durchaus auch semantische Gemeinsamkeiten aus: ›Junge‹ und ›Mädchen‹ sind im gleichen Kontext deshalb mit so hoher Wahrscheinlichkeit austauschbar, weil sie grundlegende semantische Merkmale wie ›belebt‹, ›menschlich‹, ›jung‹ gemeinsam haben, oder – um in der Terminologie unseres Abschnitts zu bleiben – weil sie eine Reihe von syntaktischen und semantischen ›Vermittlern‹ teilen. In der ontogenetischen Sprachentwicklung läßt sich die Herausbildung von Wortklassen als eine progressive Ausdifferenzierung verfolgen. Die erste Klassifizierung wird notwendig, wenn Kinder beginnen, zu ihren Äußerungen zwei Elemente zusammenzufügen. Die Periode der Zweiwortäußerungen ist daher unter den Gesichtspunkten der beginnenden Systematisierung und ersten Strukturierung besonders interessant. Sie ist entsprechend gründlich untersucht worden.[21]

Übereinstimmend haben verschiedene Beobachtungen gezeigt, daß Kinder zunächst zwei grobe Klassen von Wörtern bilden: eine umfangreiche offene und mit Anwachsen des Wortschatzes sich ständig erweiternde Klasse und eine begrenzte Klasse von Funktionselementen.[22] Es lassen sich ganz bestimmte Regeln der Zusammensetzung beider Elemente verfolgen. Mit steigenden Anforderungen an die Präzision der Äußerungen und wachsenden sprachlichen Ausdrucksmitteln spalten sich diese ersten Klassen, die sich zunächst keineswegs mit den Klassen der ›Inhalt-‹ und ›Funktionswörter‹ der Erwachsenensprache decken, weiter auf und nähern sich erst allmählich den differenzierten Kategorisierungen der Normgrammatik.

Es ist also gewiß unzweckmäßig, vom ersten Wortmaterial, das Kinder produzieren, Nomina, Verben, Adjektive und Adverbien auszuzählen, ihr Mengenverhältnis zueinander zu bestimmen und mit Vergleichswerten der Normalsprache in Beziehung zu setzen. Dies ist die Projektion einer Norm auf Sprechgewohnheiten, für die diese Norm noch nicht gilt. Nehmen wir dieses Beispiel, um von hier aus ein wenig zu extrapolieren. Es geht hier nämlich um ein psycholinguistisches Problem von ganz allgemeiner Bedeutung: Einem Geschehen wird eine Beschreibungsform oktroyiert, die ihm nicht angemessen ist. Das Resultat ist eine scheinbare Verträglichkeit der Daten mit der Norm, die aber auf den Einfluß ganz anderer Variablen zurückgeht: z. B. auf die Tatsache, daß die Entscheidung, ob ein Element als Nomen oder als Verb gelten soll, willkürlich und man kann wohl annehmen: systemgerecht vom Beobachter vorgenommen wird. Empirische Untersuchungen über Funktionszusammenhänge begeben sich also besser nicht von vornherein und ungeprüft unter das Diktat einer Norm aus vielleicht nur oberflächlich verwandtem Bereich. Es ist zumindest mit zu veranschlagen, daß inhaltliche Vorbelastungen einer Terminologie die Deutungsmöglichkeiten der Ergebnisse einschränken können und der kritischen Auseinandersetzung mit der angelegten Norm hinderlich sein können. Überlegungen dieser Art müssen stets bei der Anwendung linguistischer Systeme als Beschreibungsmittel für empirische Beobachtungen angestellt werden. Wo dies nicht geschieht, mag man allzu leicht zu wertbelasteten Konstrukten wie beispielsweise dem ›Aktionsquotienten‹ gelangen, den Busemann (1925, 1948) als einen Indikator für geistigen Entwicklungsstand eingeführt hatte.

Im Zusammenhang mit der Verfügung über grammatische Kategorien ist eine weitere Beobachtung aus der Sprachentwicklung interessant. Die vermittelte Assoziation, von der die Rede war, die verschiedene Elemente einer Klasse zusammenschließt, kann als eine abstrakte, vom Kontext losgelöste Leistung gelten. Diese Qualität besitzen sequentielle Assoziationen zwischen den Gliedern einer Kette nicht: Sie gründen sich auf konkretes gemeinsames Vorkommen. Läßt man nun Kinder verschiedenen Alters frei assoziieren, so findet der Ablauf der Sprachentwicklung in der Art der Assoziationsantworten einen gewissen Niederschlag. Eine Reihe von Untersuchungen belegt, daß jüngere Kinder auf Stimuluswörter eher *syntagmatische* Assoziationen geben, d. h. daß sie mit einem Wort antworten, das sich im Satz anschließen lassen würde, auf ›Stuhl‹ z. B. ›sitzen‹. Später ändert sich das Verhältnis zugunsten von *paradigmatischen* Assoziationen, also Wörtern aus derselben grammatischen Klasse.[23]

Zwar gelangten Pichevin und Noizet (1966, 1968) zu anderen Ergebnissen: Sie fanden bei Kindern gerade mehr paradigmatische Assoziationen. Ihre Interpretation geht dahin, daß die syntagmatische Assoziation mehr auf soziales, kommunikatives Agieren mit der Sprache schließen lasse, das – nach Piaget – erst Kinder mit abgeschlossenem Stadium der ›egozentrischen‹ Sprache erreichen.[24] Die Kinder in diesen Experimenten gehörten jedoch einer anderen Altersgruppe an. Sie waren im Durchschnitt fünf Jahre älter als die der Vergleichsgruppen und widerlegten deren Aussagen deshalb im Grunde nicht.

Wie immer syntagmatische und paradigmatische Antworten bei Assoziationen interpretiert und bewertet werden, es liegen ihnen vermutlich unterscheidbare sprachliche Leistungen zugrunde. Für Beeinträchtigungen jeweils einer dieser Leistungen, die beide für den kompetenten Umgang mit Sprache zusammenkommen müssen, prägte Jakobson die Begriffe *contiguity* und *similarity disorders*, die in seinen Darstellungen zugleich das Einteilungsprinzip für Aphasien abgeben (Jakobson/Halle 1956).

Zu Beginn des Abschnitts über verbale Assoziationen war die Rede von der Redundanz der Sprache (S. 36 f.), die Spracherkennung erleichtert, weil Vertrautheit mit dem Material den Zusammenschluß zu größeren Einheiten erlaubt. Selbstverständlich spielt dafür das Maß der Vertrautheit, d. h. die *Häufigkeit*, mit der die Elemente und Elementgruppen zusammen erfahren werden, die ausschlaggebende Rolle. Bei Gleichhaltung aller anderen Variablen wird ein Wort, das in einer Sprache häufig vorkommt, bei kurzer Darbietung schneller erkannt (Howes/Salomon 1951), unter störendem ›Rauschen‹ leichter identifiziert (Rosenzweig/Postman 1958), aus wenigen Hinweisen besser erraten (Goldiamond/Hawkins 1958) und leichter gelernt (Underwood/Schulz 1960). Worthäufigkeiten haben also eine wichtige Funktion bei der Vorhersage der Schnelligkeit und Leichtigkeit, mit der bestimmte Wörter benutzt werden. Es sind für diesen Zusammenhang Gesetze formuliert worden, z. B. das Zipfsche Gesetz über den Zusammenhang von Wortlänge und Rangplatz in der Häufigkeitsliste (Zipf 1935) oder das Marbesche Gesetz über den systematischen Zusammenhang von Worthäufigkeit und Reaktionsschnelligkeit (Thumb/Marbe 1901).

Häufigkeit ist auch eine wichtige Determinante beim WortAssoziieren (Howes 1957). Es lassen sich entsprechend den Worthäufigkeiten Reaktionshierarchien für Stimuluswörter aufstellen, die in engem Zusammenhang mit den AssoziationsNormen von Sprachgemeinschaften stehen (Kent/Rosanoff 1910; Palermo/Jenkins 1964). Mit solchen Normen können Reaktionen von Einzelpersonen verglichen werden, was Assoziationen unter anderem zum Werkzeug der Psychodiagnostik macht.[25]

Aus diesen Vergleichen werden auch Kriterien für die Aphasiediagnose gewonnen: Howes (1967, a + b) unterscheidet beispielsweise zwei Typen von Aphasikern unter anderem auf Grund dieses Parameters: eine Gruppe, die zwar verlangsamte, aber normgerechte Assoziationen gibt, und eine andere, die dissoziierte Assoziationen liefert. Die Stärke der Aphasie wird hier mit dem Ausmaß der Abweichung von der Norm wiedergegeben.

Auch für die Schizophrenie hat man in diesem Zusammenhang statistische Indikatoren gefunden: schizophrene Patienten weichen offenbar systematisch von den Normen ab, es ist bei ihnen ein Zusammenbruch der normalen Reaktionshierarchien zu registrieren. Nach Chapman (1964) erklärt sich dies durch rigide Bevorzugung der häufigsten, der dominanten Reaktion, nach Broen (1968) durch eine größere Reaktionsvariabilität auf Grund stärkerer Ablenkbarkeit durch irrelevante Assoziationen.

Wortfelder

Zur Abrundung unseres Kapitels über ›Wörter‹ fehlen uns noch einige experimentelle Details zum Umfang und zur Struktur der *assoziativen Umfelder,* die sich für Wortmaterial nachweisen lassen:

Aus der durchschnittlichen Anzahl der Assoziationen, die während einer Minute auf ein Stimuluswort produziert wird, leitet Noble (1952) ein Maß für ›Bedeutungshaltigkeit‹ her. Je größer dieser Wert ist, desto höher ist für die betreffenden Wörter auch die Wiedererkennungs- und Reproduktionsleistung in Lernexperimenten (Kristofferson 1957). Eine Gruppe von Stimuluswörtern gehört um so ›näher‹ zusammen und wird um so leichter im Zusammenhang gelernt, je größer die Überlappung ihrer Assoziationen ist (Bousfield u. a. 1960) – eine Überlegung, die bei der didaktischen Gruppierung und Gliederung von Lernstoff wichtig werden kann. Insbesondere J. Deese hat solche Zusammenhänge untersucht. Seine Korrelationsmatrizen von Wortlisten stellen ein Modell für die Berechnung von assoziativen Verknüpfungen innerhalb von Stoffgebieten dar (Deese 1959, 1962 b).

Experimente, die die inhaltliche Struktur von assoziativen Umfeldern einzelner Stimuli abtasten, die also die *semantische Generalisation* nachzeichnen, sind vor allem in der UdSSR gemacht worden.[26] Man beobachtet dabei, wie meßbare physiologische Reaktionen (Speichelabsonderung, Lidschluß, motorische Reaktionen), die auf bestimmte Wörter konditioniert werden, auch bei der Nennung von benachbarten Begriffen auftreten.

Generalisierungen gibt es freilich auch in der Reaktionsweise von Tieren, nur bezeichnet ›benachbart‹ dort immer eine physikalische, lautliche Verwandtschaft mit dem ursprünglichen Stimulus. Wenn Hunde auf bestimmte Töne konditioniert werden, so reagieren sie ebenso auf sehr ähnliche Töne, aber je entfernter der neue Reiz von dem ursprünglichen ist, desto schwächer wird die Reaktion. Es lassen sich also auch für tierische Reaktionen im Hinblick auf die Entfernung der Reize voneinander Gradienten der Stimulusgeneralisation aufstellen.

Beim Menschen ist darüber hinaus aber eine Generalisation im *zweiten Signalsystem* (Pawlow 1953, vgl. S. 80), entlang von assoziativen Kontinua, zu beobachten: Eine auf das Wort

›doktor‹ (Arzt) konditionierte Reaktion tritt in einem Experiment von Shwarts (1964) auch auf das Wort ›wratsch‹ (Mediziner) auf, nicht aber auf das ähnlicher klingende ›diktor‹ (Sprecher). Solche Gesetzmäßigkeiten gelten nicht nur für Synonyme: Luria/Winogradowa (1959) berichten über einen Versuch, in dem eine auf das Wort ›Violine‹ konditionierte Reaktion ebenso auf ›Geige‹, ›Bogen‹, ›Mandoline‹ erfolgte und schwache Reaktionen noch auf Wörter registriert werden konnten, die Blasinstrumente bezeichneten; keine Reaktionen erfolgten dagegen auf Wörter, die mit Musik in keinem Sinnzusammenhang standen. Auch Weigl und Bierwisch haben semantische Kontinua experimentell belegen können, als sie bei Aphasikern mit ›Deblockierungen‹ bestimmter Wörter auch die Freilegung sinnverwandter Begriffe erreichten (Weigl 1969). Mit entsprechend präzisen Meßinstrumenten können also Generalisationsgradienten über semantische Entfernungen zwischen Wörtern erstellt werden.

Über das Alter hinweg bleiben solche Generalisationsleistungen allerdings nicht konstant, und sie variieren auch mit der Intelligenz: In einer Probandengruppe von Riess (1946) trat bei Kindern bis zu 8 Jahren die Generalisation noch am stärksten bei lautlich ähnlichen Wörtern auf, bei 10jährigen auf solche Wörter, die einen Gegensatz zum Reizwort darstellen, bei 14jährigen auf sinnverwandte Wörter. Luria/Winogardowa (1959) weisen im Vergleich von älteren Kindern mit unterschiedlichen Intelligenzquotienten dieselben Generalisationsprinzipien nach: Debile reagieren auf Lautähnlichkeit, Kinder desselben Alters mit normaler Intelligenz aber auf Sinnverwandtheit.

Daß semantische Kategorien nur durch Erfahrungen und Umgang mit Sprache aufgebaut werden können, ist natürlich trivial. Daß manipulierte Informationseingabe sie massiv beeinflussen kann, ist es ebenso, jedoch ist der experimentelle Nachweis solcher Beeinflussung alarmierender. Staats/Staats (1957) haben eindrucksvoll nachgewiesen, wie bislang bedeutungsleeren sinnlosen Silben durch experimentelle Koppelung mit einer Gruppe von Wörtern aus einem bestimmten Assoziationsbereich die gleichen Konnotationen aufgeladen wurden. Auch bei bereits sinntragenden Wörtern, z. B. Nationalitätenbezeichnungen, konnten auf diese Weise experimentell neue Konnotationen aufgesetzt werden (Staats/Staats/Biggs 1958). Ebenso können Konnotationen durch Extinktionsverfahren[27] verändert, semantisch ›gesättigt‹ werden. Zwingt man beispielsweise einen Probanden dazu, ein Wort, das er vorher auf dem ›semantischen Differential‹ eingestuft hatte, während einiger Zeit für sich immer zu wiederholen, so wird bei anschließender erneuter Einstufung das Profil weniger extrem ausfallen (Lambert / Jakubovits 1960).

Von solchen psychologischen Beobachtungen assoziativer Verbindungen innerhalb des Lexikonmaterials aus ergibt sich ohne Frage eine direkte Verbindung zur linguistischen Wortfeldforschung.[28] Die Psycholinguistik hat diesen Stoff bisher nicht sonderlich beachtet. Dabei wäre dies gerade im Hinblick auf die Beeinflußbarkeit solcher Strukturen ein psycholinguistisches Thema ersten Ranges.

Sätze

Nachdem in den vorigen Abschnitten Kennzeichen verbaler Äußerung auf der Laut- und Wortebene zur Sprache gekommen sind, werden wir uns nunmehr mit komplexeren Strukturen, mit zusammenhängender Sprache, zu befassen haben. Dem Gliederungsprinzip für den ersten Teil unserer Einführung entsprechend soll dies unter formalen Gesichtspunkten geschehen. Wir wollen also an dieser Stelle noch nicht in die Diskussion eintreten, ob »wir nur in Sätzen, ja in Texten reden und nur auf diese Weise sprachlich handeln« (Polenz 1970 b, 159) und ob wir mit syntaktisch gegliederter Sprache eine prinzipiell andere oder die ›eigentliche‹, kommunikative Sprachebene erreichen. Vielmehr wollen wir in diesem Abschnitt lediglich einige linguistische Vorschläge für die Beschreibung von Satzbauprinzipien heranziehen und nach psychologisch beschreibbaren Mechanismen suchen, die sich solchen formalen Prinzipien an die Seite stellen lassen könnten.

Eine Syntax, die sich zur Beschreibung natürlicher Sprachen eignet, soll ein ökonomisches Instrument sein; sie soll handlicher sein als eine fortgeführte Liste aller vorkommenden Äußerungen einer Sprache. Sie sollte sich also in irgendeiner Form als eine begrenzte Menge von syntaktischen Konstitutionsregeln formulieren lassen. Zumindest zwei allgemeinsten Kriterien muß sie sich darüber hinaus stellen: Sie muß der Tatsache Rechnung tragen, daß eine natürliche Sprache prinzipiell *uneingeschränkt* (infinit) ist sowohl hinsichtlich der Länge wie der Vielzahl von Sätzen, die mit ihr gebildet werden können; sie muß in ihrem Instrumentarium von Baugesetzen also *rekursive* Mechanismen zur Verfügung haben. Zum anderen muß sie geeignet sein, mit diesem Instrumentarium in einer Sprache die *zugelassenen* von den *abweichenden* Sätzen zu sondern. Die erste Forderung ist mit dem Problem verknüpft, das in der generativen Linguistik mit *Kreativität* angesprochen ist, die zweite mit dem der *Grammatikalität*. Auf beide müssen wir an geeigneten Stellen zurückkommen.

Ganz unabhängig von solchen Kriterien ist für die psycholinguistische Diskussion eine Syntax natürlich um so interessanter, je mehr Möglichkeiten sie bietet, Vorgänge des Sprachverhaltens mit ihren Mitteln zu beschreiben und ihr Regelinventar heuristisch mit Verhaltensstrategien zu koordinieren. Wir werden drei verschiedene Syntaxtypen betrachten, in einer für die Darstellung inzwischen schon zur Konvention gewordenen Abfolge.[29] Sie hat den Vorteil, daß sich Mängel des einen Typs jeweils als Motivierung für einen nächst differenzierteren Typ angeben lassen. Wir wollen versuchen, die formalen linguistischen Einwände dabei jeweils mit psychologischer Kritik an einem entsprechenden Funktionsmodell des Sprachverhaltens zu ergänzen.

Sequenzgrammatiken

Der elementarste Syntaxtyp in unserer Reihenfolge versteht Sätze als von links nach rechts linear geordnete Sequenzen von Einzelelementen. Es hat sich für diesen Typ das Etikett *finite state grammar* eingebürgert: Solche Syntaxen beschreiben die Bildung eines Satzes als Prozedur mit endlich vielen Schritten, als Fortschreiten von einem Anfangsstadium – dem ersten Element – zum jeweils nächsten bis zum letzten Stadium, dem ›finite state‹. Jedes Stadium repräsentiert Restriktionen, die die Auswahl des nächsten Elements einschränken. Diese Beschränkungen gründen sich auf die Auftretenswahrscheinlichkeiten der einzelnen Elemente in der beschriebenen Sprache und auf die Wahrscheinlichkeit, mit der ein Element aus einer Klasse auf eines einer anderen Klasse folgen kann. Die Fortführung einer begonnenen Teilkette von Elementen determiniert sich also von den bereits vorliegenden Elementen her; die Abhängigkeiten ergeben sich ausschließlich von links nach rechts.[30] Dem Anspruch, eine uneingeschränkte Satzmenge beschreibbar zu machen, kann bei dieser Grammatik formal durch den Einbau rekursiver Schleifen an bezeichneten Stadien Genüge getan werden (vgl. z. B. Reich 1969).

Ob dieser Produktionsmechanismus nun aber auch nur korrekte und nicht abweichende Sätze einer Sprache liefert, das hängt von der jeweiligen Beachtung der Wahrscheinlichkeitsgesetze ab. Je nachdem, wie exakt die Übergangswahrscheinlichkeiten berücksichtigt sind, wird man verschiedene *Annäherungen* an Sätze der betreffenden Sprache erhalten. Eine völlig zufällig zusammengestellte Sequenz von lexikalischen Elementen, bei der jedes Wort dieselbe Chance hat, als nächstes gewählt zu werden, nennt man eine Annäherung *nullter Ordnung* an die betreffende Sprache. Eine Annäherung *erster Ordnung* kommt zustande, wenn die Abfolge der Elemente zwar auch zufällig ist, die Auswahlmenge von Elementen aber die empirischen relativen Auftretenswahrscheinlichkeiten jedes einzelnen Elements widerspiegelt. In Annäherungen *zweiter Ordnung* sind bereits die Übergangswahrscheinlichkeiten zwischen Elementpaaren berücksichtigt. Je präziser also zwischen immer mehr Elementen diese Wahrscheinlichkeiten in eine Syntax einprogrammiert sind, desto *höhere Ordnungen* der Approximation werden erzielt, desto mehr ähneln die von der Grammatik produzierten Ketten wirklichen Sätzen der Sprache. Das Konzept der grammatischen Korrektheit von Sätzen ist in diesem Modell ein probabilistisches. ›Grammatisch‹ heißt hier: von hohem Annäherungsgrad an Texte der Sprache (Chomsky 1957, 21; Lees 1957, 384 ff.).

Auf psychisches Verhalten übertragen würde einer solchen Syntax ein Modell der Sprachproduktion entsprechen, das innerhalb von Sequenzen ausschließlich Assoziationen von Wort zu Wort bzw. von Wortklasse zu Wortklasse einsetzt und in dem der Sprachbenutzer praktisch ein System von Übergangswahrscheinlichkeiten lernt. Ein Beispiel für ein solches Modell: Wettler (1969, 1970) kennzeichnet sprechen als »eine Tätigkeit ... in welcher in zeitlicher Sukzession eine Reihe von endlichen Ereignissen ... produziert wird. Die einzelnen Ereignisse sind voneinander stochastisch abhängig, und ihre Aufeinanderfolge kann durch eine Markoff-Kette dargestellt werden.« Ein Satz entsteht durch das sukzessive Fortschreiten innerhalb eines Netzwerkes von Wahrscheinlichkeiten. »Nach jedem Wort ist lediglich die Entscheidung zu fällen, in welcher Richtung fortgeschritten werden soll« (Wettler 1959, 9). Die Produktion beispielsweise eines Nominalkomplexes läßt sich somit in Form eines Flußdiagramms darstellen:[31]

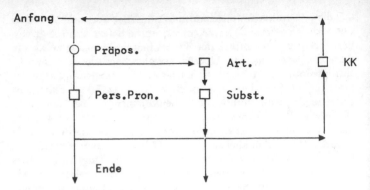

Aus Wettler 1959, S. 9

Es gibt keinen Zweifel, daß beim Sprechen und Hören eine allmählich erworbene Kenntnis der Wahrscheinlichkeitsstruktur einer Sprache benutzt wird und daß Beziehungen zwischen den Annäherungsgraden an eine Sprache und Lernleistungen im Experiment bestehen.[32] Die in zahlreichen Untersuchungen gefundenen Gesetzmäßigkeiten weisen in die erwartete Richtung: Je höher der Annäherungsgrad an die eigene Sprache ist, desto besser reproduzieren die Probanden gelernte Texte; je mehr Kontext gegeben ist, desto leichter fallen Ergänzungsaufgaben; je restringierter die Auswahl an einem Punkt, desto besser ist die Leistung. Jedoch sind bei näherem Hinsehen die Detailinterpretationen gar nicht ganz unstrittig. Wir wollen nur wenige Untersuchungen herausgreifen:

Miller/Selfridge (1950) konstruierten Annäherungen von den Ordnungen 0 bis 7 an englische Sprache, eine achte Gruppe von Sätzen war englischem Text entnommen. Die Äußerungen wurden auf Tonband gesprochen und den Probanden vorgespielt. Nach jeder Darbietung hatte die Versuchsperson unmittelbar alles aufzuschreiben, was sie aus einem ›Satz‹ behalten hatte. Gemessen wurde die Anzahl der richtig reproduzierten Wörter. Die Leistungswerte stiegen mit höherer Annäherung, d. h. je genauer die Wahrscheinlichkeitsstruktur der gewohnten Sprache getroffen war, desto günstiger beeinflußte dies die Reproduzierbarkeit. Allerdings gab es von der fünften Annäherung aufwärts kaum mehr Unterschiede in den Leistungen, auch nicht zu den Texten selbst. Die Leistungskurve war also negativ akzeleriert.

Dieser nicht lineare Kurvenverlauf könnte kaum zustande

kommen, wenn tatsächlich nur gelernte Übergangswahrscheinlichkeiten zwischen Textelementen für die Leistung ausschlaggebend wären und dies ein gleichmäßig ansteigender Einfluß wäre. So finden wir in ergänzenden Untersuchungen, in denen mehr Variablen kontrolliert wurden, auch differenziertere Ergebnisse. Marx/Jack (1952) ermittelten einen anderen Kurvenverlauf, der zwischen hohen Annäherungen doch Unterschiede wiedergab, dann nämlich, wenn sie nicht nur die Anzahl der richtig reproduzierten Wörter, sondern auch ihre Reihenfolge mit berücksichtigten. Auch Johnson (1966 b) konnte neue Informationen beibringen, als er zusätzlich (mit den KentRosanoff-Assoziationslisten) die Stärke kontrollierte, mit der einzelne Elemente schon in freier Assoziation verbunden sind. Einfluß der Worthäufigkeiten auf die Reproduktionsleistung bei verschiedenen Annäherungen fanden Tulving/Patkau (1962) dann, wenn wie bei Miller/Selfridge (1950) nur die Anzahl der reproduzierten Wörter die abhängige Variable war.

Dies alles mag ein Hinweis darauf sein, daß die Formel ›gelernte Wahrscheinlichkeitsstruktur‹ nicht undifferenziert für verbale Reproduktionsleistungen zeichnen kann, sondern zumindest aufgeschlüsselt werden muß. Manches spricht dafür, zwei unabhängige Hauptdeterminanten dieser Wahrscheinlichkeitsstruktur zu unterscheiden und grammatische Gesichtspunkte – Flexionsendungen zum Beispiel – vom Einfluß des Sinnzusammenhangs zu trennen. Bleibt dieser nämlich in Versuchen mit sinnlosem Silbenmaterial ausgeschaltet, dann sind bessere Reproduktionsergebnisse zu erzielen, wenn die Silben mit grammatischen Endungen aufeinander abgestimmt sind oder wenn sie durch Funktionswörter verbunden werden (Epstein 1961, 1962; Glanzer 1962).

Marks/Miller (1964) haben versucht, im Experiment den Einfluß solcher grammatischen Hinweise von dem des sinnvollen Zusammenhangs zu sondern: Sie wählten sinnvolles Textmaterial aus und boten es einmal unverändert und einmal, nachdem die Reihenfolge der Elemente durch Zufall bestimmt worden war, und damit die grammatischen Hinweise ausfielen. Als zweite Textgruppe wählten sie solches Material, das keinen Sinnzusammenhang aufwies, und boten es wiederum einmal mit aufeinander abgestimmten syntaktischen Hinweisreizen und einmal in zufälliger Folge. Erwartungsgemäß wurden die besten Reproduktionsleistungen bei sinnvollem und grammatisch korrektem Material erzielt, die schlechtesten bei sinnlosem Material ohne grammatische Hinweise. Bei den anderen beiden

Textbeispielen (erkennbarer Sinnzusammenhang ohne grammatische Endungen und Folgen ohne Sinn, aber mit aufeinander abgestimmten syntaktischen Hinweisen) schneiden die Probanden ganz ähnlich ab. Die Ergebnisse werden dahin interpretiert, daß grammatische und inhaltliche Hinweise einen ähnlich wirksamen, aber getrennt voneinander funktionierenden Einfluß auf das Lernen verbalen Materials haben.

Fassen wir zusammen: eine Syntax, die Sätze nur als lineare Folgen von Elementen mit bestimmten Übergangswahrscheinlichkeiten interpretiert, ist für unseren Zusammenhang kein günstiges Beschreibungsinstrument für natürliche Sprachen. Sie kann nur annäherungsweise akzeptable Sätze von abweichenden trennen. Ein entsprechendes psychologisches Modell für Sprachbenutzung bildet, wie wir gesehen haben, nun zwar global gewisse Mechanismen ab, die bei der Reproduktion und der Sprachrezeption eingesetzt werden. Es ist aber selbst für diese Leistungen eine zu undifferenzierte Beschreibungsform, denn es zeigt sich nicht in der Lage, den verschiedenen Leistungen, die beispielsweise bei der Reproduktion aus dem Gedächtnis zusammenkommen, relative Plätze zuzuweisen. Für die spontane Sprachproduktion kann ein solches Modell noch weniger Erklärungswert beanspruchen. Der Sprachbenutzer hätte nämlich praktisch Matrizen von Übergangswahrscheinlichkeiten zu lernen, und er könnte streng genommen solche Sätze, die er noch nicht von anderen gehört hat, die in seinem Erfahrungsbereich also eine Wahrscheinlichkeit von 0 haben, gar nicht produzieren.

Konstituentengrammatiken

Für eine angemessenere Abbildung von psychischen Vorgängen beim Sprechen, die auch Aussagen über spontane Sprache erlaubt, ist demgegenüber ein Modell zu fordern, das nicht lediglich nach rückwärts gerichtet, sondern auch antizipativ ist; denn lediglich in zeitlicher Sukzession und ohne übergeordnete Ausführungsplanung findet Sprachproduktion nicht statt. Der Sprecher besitzt nicht wie der Hörer lediglich Information über Redeteile, die er bereits vollendet hat; er hat darüber hinaus auch Anhaltspunkte für die Fortführung seiner Rede. Der Neurologe Karl Lashley hat in seinem bekannten Aufsatz ›The problem of serial order in behavior‹ (1951) diese überblickende Ausführungsplanung *scheme of action* genannt und damit zentralnervöse determinierende Vorgänge angesprochen, durch die nicht nur die Auswahl der Elemente von Verhaltenssequenzen besorgt wird, sondern die auch ordnende Prinzipien für ihre Strukturierung liefern: Neben die zeitliche Dimension von Sprachgeschehen tritt damit eine gleichsam räumliche Dimension, in der eine Hierarchie von Ordnungsgesichtspunkten begründet liegt.

Ein komplexes Steuerungsmodell des Verhaltens mit dem Einsatz solcher Prinzipien haben Miller, Galanter und Pribram in ihrem Buch ›Plans and the Structure of Behavior‹ (1960) entwickelt. Darin wird auf unmittelbare Entsprechungen von Reiz und Reaktion verzichtet, wie sie im verbalen Bereich ein linearer Wort-zu-Wort-Prozeß darstellen würde, bei dem das eine Element die einzig auslösende Bedingung für das folgende wäre. Statt dessen wird eine Verhaltenssteuerung angenommen, die sich an Zielpunkten und Normwerten ausrichtet und die eigenen Teilhandlungen ständig über sensorische Rückkoppelungen mit dem Ausführungsplan vergleicht. Die Verhaltenseinheit ist also in diesem Modell nicht eine Reaktion oder eine S-R-Koppelung, sondern eine dynamische TOTE-Einheit *(Test-Operate-Test-Exit Unit)* im selbstregulierenden kybernetischen System.

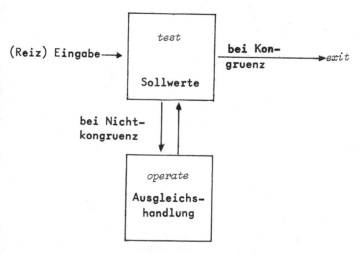

TOTE-Einheit. Nach Miller/Galanter/Pribram 1960

Für syntaktische Satzproduktion läßt das Schema sich so explizieren (Miller/Galanter/Pribram 1960, 155): Die Eingabe besteht in der Äußerung oder einem Teil von ihr; der Test geschieht auf ›sentencehood‹, auf Grammatikalität; Ausgleichshandlungen sind gegebenenfalls Korrekturen durch Rückorientierung auf einer allgemeineren Ebene in der hierarchischen Organisation des Satzes. Ergebnis ist die Aneinanderreihung der einzelnen Elemente im ständigen Rückgriff auf übergeordnete komplexere Planungseinheiten: eine Satzproduktion ›von oben nach unten‹ also kombiniert mit einer von ›links nach rechts‹.

Vorstellungen von hierarchisch gegliedertem Handeln und einem jederzeit möglichen Rückbezug auf höhere Organisationsebenen finden leicht ihr linguistisches Pendant in Konstituentenstruktur- oder *Phrasenstruktursyntaxen.* Sätze sind hier nicht bloß lineare Sequenzen aus einzelnen Elementen; sie repräsentieren sich als Konstituentenstrukturen mit verschiedenen Ebenen von immer umfassenderen Phrasen.

Man macht Konstituentenstrukturen auf verschiedene Weise kenntlich: mit Klammerschreibung [(Der Mann) ((wirft) (den Ball))] oder als *Baudiagramm* (phrase marker):

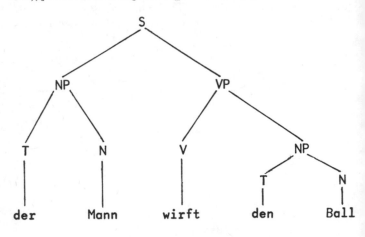

Aus beiden Darstellungsweisen läßt sich ablesen, wie die einzelnen Elemente sich intern organisieren: Kleinere Elemente sind jeweils zu größeren in der nächst komplexeren Organisationsform zusammengefaßt. Das Baudiagramm bietet gegenüber dem Klammerausdruck jedoch zusätzliche Information über diese komplexen Organisationsebenen. Sie können hier in der Form von Verzweigungs*knoten* im Diagramm, als syntaktische Kategorien, lokalisiert und benannt werden. Eine dritte und wiederum informationsreichere Beschreibungsform für Konstituentenstrukturen ist die einer geordneten Folge von Ersetzungsregeln zur Ableitung von Sätzen.

$$S \rightarrow NP + VP$$
$$NP \rightarrow T + N$$
$$VP \rightarrow T + NP$$
$$T \rightarrow \text{der, den} \ldots$$
$$N \rightarrow \text{Mann, Ball,} \ldots$$
$$V \rightarrow \text{wirft,} \ldots$$

Eine solche Folge von Ersetzungsanweisungen ist eine »in Bewegung gesetzte Konstituentenstruktur« (Bechert u. a. 1970, 39). Die Beschreibung ist gewissermaßen dynamisiert, ›generativ‹; sie bildet einen Erzeugungsprozeß ab.

Rekursivität ist in einer Phrasenstrukturgrammatik formal leicht hergestellt: ein komplexes Symbol, das links von der Pfeilanweisung steht, muß rechts wieder auftauchen können, um auf diese Weise Einbettungen möglich zu machen. Es müssen also Regeln von der Form $A \rightarrow A + B$ oder $A \rightarrow B + A$ zugelassen sein. Was aber die Forderung der Korrektheit der erzeugten Sätze angeht: Ohne weiteres ist sie gewiß nicht erfüllt. Die Regeln, die unseren Beispielsatz generiert haben, könnten ebenso die Sequenz ›Der Ball wirft den Mann‹ produzieren, einen Satz, den ein kundiger Sprecher gewiß verwerfen würde. Die Klassen der üblichen syntaktischen Kategorien sind für sich genommen offensichtlich zu umfangreich, als daß verhindert werden könnte, daß solche Sätze generiert werden, die zwar grammatisch, aber nicht vom Sinn her akzeptabel sind. Das heißt also, daß eine Phrasenstruktursyntax zumindest ein verzweigtes System von Subkategorisierungsregeln mitliefern muß, um den grundlegenden Anforderungen an eine leistungsfähige Grammatik zu genügen.

Über elementare sequentielle Syntaxen hinaus machen generative Phrasenstrukturgrammatiken geltend, daß ihr Instrumentarium es erlaube, jedem zulässigen Satz einer Sprache eine wie oben angegebene *Strukturbeschreibung* zuzuordnen. Dies ist ohne Zweifel ein wichtiger Vorteil, denn erst solche Strukturen können über die spezifische Art der Integration der lexikalischen Elemente Aufschluß geben und damit das Verständnis von Sätzen determinieren. Eine Grammatik, die solche Zuordnungen leistet, hat damit etwas zu bieten, das von einer Syntax nach Markoff-Muster prinzipiell nicht zu erwarten ist. Ein Satz wie ›Später wurde der Brief von Klaus verlesen‹ (Bierwisch 1966, 108) erlaubt zwei Verstehensmöglichkeiten, die mit zwei ver-

schiedenen Strukturbeschreibungen verdeutlicht werden können:
Im einen Fall stammt der Brief von Klaus, und im anderen
besorgt er nur das Vorlesen. Die Entscheidung zwischen beiden
Satzverständnissen ist getroffen, wenn ihm die eine oder die
andere Struktur zugeordnet ist.

Generative Grammatiken wollen zwar im allgemeinen nicht
auf Aussagen darüber verpflichtet werden, wie Sprecher und
Hörer ihre Sprachkennerschaft konkret einsetzen, sie wollen
nicht implizieren, daß beim realen Sprechen tatsächlich eine
Zuordnung von Strukturen geschieht. Sie wollen jedoch eine
abstrakte Darstellung davon geben, wie ein Sprecher seine
Sprache beherrscht; sie sind Beschreibungen einer voraus-
gesetzten Sprachkompetenz des *idealen Sprecher-Hörers*, des
native speaker (S. 11). Fraglos haben wir hier eine Ebene
erreicht, wo linguistische Theorien einen besonderen Aufforde-
rungscharakter für Psychologen zu erhalten beginnen. Wo von
›generieren‹ und ›Erzeugungsprozessen‹ die Rede ist, da liegt –
selbst wenn die Terminologie gar nicht so suggestiv intendiert
ist – die Vergleichung von *formaler Regel* und psychischer *Ver-
haltensstrategie* nahe, und Überlegungen zur ›psychischen
Realität‹ von Grammatikmodellen sind eine im Grunde plausible
Konsequenz.

Wir wollen uns nun Beispiele psychologischen Experimentierens
auf diesem Hintergrund – zunächst im Rahmen der Konstituentensyntax vornehmen. Der hier zu referierende Komplex
von Untersuchungen soll nach drei Gesichtspunkten gegliedert
werden: Nachweise über die Wirksamkeit von *Konstituentengrenzen* im Sprachverhalten; Berechnungen der strukturellen
Komplexität von Sätzen als Indikator für die ›Schwierigkeit‹,
mit ihnen umzugehen; schließlich Belege aus der Kindersprache
für die Brauchbarkeit von Phrasenstrukturregeln als Beschreibung von *Entwicklungsgesetzen* der Syntax.

N. F. Johnson (1965, 1966 a) hat nachzuweisen versucht, daß
Konstituenten bei der Formulierung von Sätzen eine maßgebliche Rolle spielen und *Konstituentengrenzen experimentell
sichtbar gemacht* werden können. Ein Sprecher nimmt – so die
Hypothese – zunächst die Integration innerhalb von größeren
Einheiten vor und stellt erst sekundär die Elemente der verschiedenen Konstituenten zusammen. Die Übergänge von einem
Wort zum anderen innerhalb einer Konstituente sollten entsprechend schneller gelernt werden als die vom letzten Element
einer Konstituente zum ersten Element der nächsten. Bei der
Reproduktion von gelernten Sätzen müßte dieser Sachverhalt

sich widerspiegeln in einer größeren Anzahl von Fehlern an den Konstituentengrenzen und einer geringeren innerhalb der Konstituenten selber.

Die Probanden lernten eine Reihe von Sätzen vom Muster ›The tall boy saved the dying woman‹. Assoziative Verbindungen unter den Wörtern waren sorgfältig kontrolliert. Wie erwartet, spiegelte die Anordnung der Reproduktionsfehler die Grenzen der Satzkonstituenten, und dies nicht nur für die Grenze zwischen den komplexesten Konstituenten Nominalphrase und Verbalphrase, sondern auch für die feinere Strukturierung innerhalb von größeren Einheiten.

Das von Johnson aus solchen Beobachtungen abgeleitete psychologische Modell der Satzproduktion beruht also auf einem Funktionsschema ›von oben nach unten‹; es inkorporiert die kybernetischen Vorstellungen von Miller/Galanter/Pribram (1960) (S. 49):

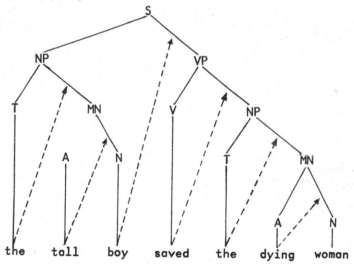

Schema der Vorgänge bei der Satzproduktion. Nach Johnson 1965, S. 54

Der Satzplan wird entwickelt durch die erste Teilung in die komplexen Konstituenten NP und VP; nach der zweiten Teilungsoperation, der Aufteilung der Nominalphrase in Artikel und modifiziertes Nomen, ist das erste Element des Endvokabulars freigesetzt. Die perforierte Linie in unserer Skizze bezeichnet den Vorgang des *Rückbezugs* auf den Strukturplan des Satzes, der am dominierenden Knoten wieder aufgenommen wird. Die Rückkoppelung leitet die nächsten Teilungen ein, bis unter ständigem Bezug auf den Gesamtstrukturplan ein Element nach dem anderen ›heruntergeholt‹ ist.[33]

Konstituentengrenzen sind auch mit einer anderen Methode im psychologischen Experiment greifbar gemacht worden: Probanden sollten ein an bestimmter Stelle in gesprochener Sprache eingeschaltetes Klicken lokalisieren. Unter der Annahme, daß größere Wahrnehmungseinheiten sich der Unterbrechung widersetzen, liegt es nahe, daß ein Klicken, das innerhalb einer Konstituente geschieht, gegen die Grenzen dieser Einheit hin verschoben wird. In der Tat weisen die Ergebnisse solcher Untersuchungen[34] Konstituenten als perzeptive Einheiten aus – selbst dann, wenn die Sprachdarbietung gegenüber konkurrierenden Hinweisen abgesichert wird, wenn also Pausen oder bestimmte Intonationsmuster vermieden werden, die in dieser Hinsicht Anhaltspunkte geben könnten. Auch die Kontrolle der Inter-Wort-Assoziationen verändert die Tendenz nicht: Bei der Variierung von Assoziationsstärken zwischen Wortpaaren, in die ein Klicken plaziert wird, entscheidet die Verteilung auf Konstituenten über die subjektive Lokalisierung des Geräuschs.

Die – viel seltener angestellten – Beobachtungen an spontaner Sprachproduktion richten sich in diesem Zusammenhang vor allem auf Pausen, Verzögerungen und Wortwiederholungen. Die Interpretationen sind hier allerdings nicht so konform. Goldman-Eisler (1961, 1964) hat nachgewiesen, daß Pausen vor allem vor solchen Elementen zu konstatieren sind, die am wenigsten redundant sind, vor solchen Wörtern also, die am schwierigsten voraussagbar sind. Sie tauchen entsprechend öfter vor lexikalischen Elementen aus umfangreichen Klassen auf und seltener dort, wo die Auswahl eng begrenzt ist, wie dies etwa bei Funktionswörtern der Fall ist. Maclay/Osgood (1959) konnten dies ebenso feststellen, sie registrierten jedoch darüber hinaus einen Tatbestand, der seinerseits wiederum auf die Wirksamkeit von Konstituenten weisen kann: Bei Unterbrechungen und Wiederholungen wird nicht nur das informationsreiche Wort, sondern ganze Teile der dazugehörigen Phrase mit repliziert. Freilich muß hier angemerkt werden, daß Sprechpausen und ähnliche Phänomene – in spontaner Sprache noch mehr als in der Reproduktion – nach syntaktischen Gesichtspunkten allein gewiß nicht abgeklärt werden können. Bekanntlich sind Irregularitäten im Sprechfluß häufig emotional bedingt.[35]

Hierarchische Gliederung von Sätzen verlangt konsequenter-

weise nach anderen *Komplexitätsmaßen* als der schlichten Satzlänge, wenn freilich auch alle Maße mit der Anzahl der Wörter
im Satz korrelieren werden. Solche Komplexitätsberechnungen,
die beispielsweise die Knotenzahl in Strukturen oder die Anzahl
der Teilungsoperationen innerhalb der syntaktischen Struktur
berücksichtigen, weisen auf Schwierigkeiten beim Umgang mit
Sätzen offensichtlich besser hin als die einfache Summe der Wörter (vgl. Wang 1970).

Ein Beispiel für eine solche Komplexitätsberechnung ist das Tiefenmaß von Yngve (1960). Es ist im Hinblick auf Sprachproduktion konzipiert, anders als formale Grammatikmodelle dem
Zeitfaktor und den begrenzten Speicherkapazitäten Rechnung
tragen. Das Gedächtnis wird danach durch die Anzahl
der Wörter weniger als durch die Art der Verästelung der
syntaktischen Struktur belastet, und zwar fordern in Yngves
Modell Linksverzweigungen mehr Leistung ab als Rechtsver-
zweigungen. Linksverzweigende, ›regressive‹, Strukturen ver-
langen vom Sprecher nach der Expandierung eines Knotens wieder den Weg zurück zum dominierenden Knoten; rechtsverzwei-
gende, ›progressive‹, Strukturen können dagegen ohne Inan-
spruchnahme von zusätzlicher Speicherkapazität unendlich
durchgeführt werden. Für das Maß der ›Tiefe‹, der Involviert-
heit eines Elements in die Satzstruktur, gilt die folgende Berech-
nungsanweisung: man numeriere alle Verzweigungen im Baumdiagramm, beginne damit jeweils beim rechten Arm und addiere
dann alle Ziffern, die zu einem Endknoten führen.

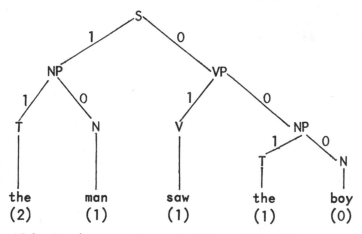

›Tiefen‹-Berechnung von Sätzen. Nach Yngve 1960, S. 451

Der größte Tiefenwert einer Satzstruktur (in unserem Beispiel 2) gilt als Tiefenmaß des Satzes selbst. Es wird postuliert, daß dies der Betrag an unmittelbarem Speicherplatz sei, den der Satz zur Produktion benötigt. Unter anderen konnten Luschchikhina (1965) und Martin/Roberts (1966) die Brauchbarkeit dieses Yngve-Maßes bestätigen: Bei konstanter Satzlänge und Variation einmal der so gemessenen Komplexität und zum anderen der grammatischen Form des Satzes erwies sich dieses Maß als der bessere Prädiktor für Reproduktionsleistungen.

Im Bereich der *Kindersprache* bieten sich Phrasenstrukturregeln leicht für die Beschreibung erster syntaktischer Sprachleistungen an. Erste Kategorisierungen innerhalb funktionaler Elementenklassen lassen sich auch als erste Teilungsoperationen mit solchen Regeln darstellen: S → pivot + open (vgl. S. 76); die weitere syntaktische Entwicklung läßt sich als eine immer größere Annäherung an differenzierte Operationen im immer normgerechteren Strukturmodell veranschaulichen. Wir wollen hier nur den Beitrag von Martin Braine (1963 a, b) und sein Prinzip der *contextual generalization* diskutieren. Es sei aber speziell hingewiesen auf das Buch von Paula Menyk ›Sentences Children Use‹ (1969), in dem solche Beschreibungsansätze besonders ausführlich dargestellt und verarbeitet sind.

Das Lernen von syntaktischen Strukturen beschreibt Braine so: Ein Element wird mit seiner Stellung im Kontext assoziiert, was die Tendenz mit sich bringt, dieses Element in anderen, neuen Kontexten an derselben Stelle einzusetzen. Soweit ist dies nichts anderes als eine Anwendung des Paradigmas der vermittelten Assoziation (vgl. S. 37), wobei der vermittelnde Stimulusaspekt die Position im Satz ist. Nun handelt es sich nach Braine bei dieser Position im Kontext aber nicht um absolute Stellungen, sondern immer um Stellungen in bezug auf die übergeordnete Kategorie in der Hierarchie der Satzkonstituenten. In seinen Experimenten mit künstlichen Miniatursprachen konnte Braine nachweisen, daß solche Grammatiken tatsächlich mit dem Mechanismus der *contextual generalization* gelernt wurden.

Allerdings hat Braine sich in seinen Experimenten wie in theoretischen Überlegungen ganz bewußt auf bestimmte Satzmuster beschränkt: auf affirmative, aktive Aussagesätze. Seine Kritiker[36] hatten es entsprechend nicht schwer, das Modell als unzureichend für Darstellung der kindlichen Syntaxentwicklung zu bewerten. Wären nämlich alle Satztypen berücksichtigt, so hätte man mit derart variabler Wortstellung zu rechnen, daß *contextual generalization* als vorrangiger Lernmechanismus nicht glaubhaft bliebe, zumal in der kindlichen Hörerfahrung affirmative, aktive Aussagesätze keineswegs eine besonders bevorzugte Rolle spielen.

Vor allem hat die theoretische Begründung, mit der Braine sich auf diese Klasse von Sätzen beschränkte, die Kritik herausgefordert. Es ist ihm damit nämlich eine nicht ganz korrekte Interpretation von Harris' und Chomskys Kernsätzen (Harris 1957, Chomsky 1957) unterlaufen – ähnlich wie manchen anderen Untersuchungen, auf die wir später noch kommen werden. Braine rechtfertigt die Beschränkung auf einfache Aussagesätze nämlich damit, daß dies die Produkte einer Basis- oder Kernsatzgrammatik seien und daß alle anderen Satzformen sich konkret aus dieser affirmativen, aktiven Aussageform ableiten bzw. auf sie zurückführen lassen. Daher also die scheinbar legitime Zurückstellung anderer Satztypen hinter die Untersuchung solcher grundlegenden Satzformen. Kernsätze sind nun aber – vor allem in der Weiterentwicklung von Chomskys System – nicht notwendig affirmative, aktive Aussagesätze, und die Basisgrammatik generiert in der Chomsky-Grammatik auch keine Kernsätze. Sie produziert überhaupt keine Sätze, sondern abstrakte Strukturen, die dann durch Transformationen in alle möglichen Satztypen, u. a. auch in affirmative, aktive Aussagesätze überführt werden (Chomsky 1969 a, 31 f.).

Transformationsgrammatiken

Damit sind wir bei der Transformationsgrammatik, dem dritten Syntaxtyp in unserer Reihenfolge, aus dessen Thematik für diesen Abschnitt allerdings nur einige formale Gesichtspunkte herausgegriffen werden sollen; es wird später verschiedentlich auf weitere Aspekte der Theorie transformationeller Grammatiken zurückzukommen sein. Wir werden uns speziell an das System von Chomsky halten, nicht nur, weil es das grundlegende und bisher einflußreichste ist, sondern auch weil die zu referierenden psycholinguistischen Arbeiten sich sämtlich auf diesen theoretischen Hintergrund beziehen.

Transformationsgrammatiken bauen auf der generativen Konstituentensyntax auf und inkorporieren sie als eine Komponente ihres Systems, aber sie fügen ihr einen ergänzenden, transformationellen Teil hinzu. Motiviert wird diese Ergänzung vor allem mit dem begrenzten Leistungsvermögen reiner Phrasenstrukturgrammatiken angesichts des erklärten programmatischen Ziels: die generative Grammatik solle eine theoretische Konzeption der intuitiven Kenntnisse von kompetenten Sprechern und Hörern liefern.

Demonstrative Belege und Textbeispiele werden – wie schon bei der Legitimierung der Konstituentengrammatiken – gern aus mehrdeutigen Sätzen bezogen. Wir hatten gesehen, daß verschiedene Verständnismöglichkeiten ein und derselben Lautfolge in einer ganzen Reihe von Fällen durch die Zuordnung unterschiedlicher Satzstrukturen kenntlich gemacht werden konnten. Nun gibt es jedoch Beispiele von Mehrdeutigkeiten, die sich auf solche Weise nicht auflösen lassen. Da sie vom kompetenten Sprachteilnehmer aber ohne weiteres entschlüsselt werden können, wird seine Sprachfähigkeit mehr umfassen als die Möglichkeit, Sätze seiner Sprache zu strukturieren und damit zu verstehen. Entsprechend braucht ein Modell der Sprachkompetenz über die bloße Strukturierungsleistung hinausweisende Erklärungsmöglichkeiten.

Nehmen wir Sätze wie die folgenden: ›Je mehr Kinder in guten Schulen lernen, desto aufgeklärter wird die Gesellschaft sein‹ – ›Das Theorem wurde durch Induktion bewiesen‹ – ›Das Theorem wurde durch Peter bewiesen‹, oder eins von Chomskys bekannten Satzpaaren: ›John is eager to please‹ – ›John is easy to please‹. Unser erster Satz hat zwei Verständnisse, aber die Konstituentenstruktur ist für beide dieselbe. Ebenso werden die beiden Satzpaare strukturell jeweils durch dasselbe Baumdiagramm gekennzeichnet; sie unterscheiden sich jedoch deutlich hinsichtlich der syntaktischen Funktion ihrer Elemente: John ist im letzten Satzpaar nur in einem Fall das logische Subjekt. Und wenn wir das zweite Satzpaar zu paraphrasieren versuchen, dann stellen wir fest, daß zwar ›Peter bewies das Theorem‹ den Sachverhalt umschreibt, daß der Satz ›Induktion bewies das Theorem‹ aber keine zulässige Paraphrase ist.

Dasselbe Problem läßt sich genauso von der anderen Seite her demonstrieren: Sätze mit sehr verschiedenen zugeordneten Strukturbeschreibungen können ein sehr ähnliches Verständnis haben: ›Jemand bewies das Theorem durch Induktion‹ und ›Das Theorem wurde durch Induktion bewiesen‹ wird jeder deutschkundige Hörer als gut gegeneinander austauschbar beurteilen. Die beiden sehr verschiedenen Strukturbeschreibungen geben auf solche nahe Verwandtschaft jedoch keinen Hinweis.

Es ist also offenbar unzureichend, wenn eine Grammatik, die den Anspruch erhebt, Sprachkompetenz abzubilden, sich auf das materielle, phonetische Erscheinungsbild von Sätzen beschränkt. Vielmehr müssen *Beziehungen* zwischen Sätzen – oder genauer:

zwischen Satzverständnissen – definiert werden können. Mithin fehlt im Erklärungspotential von Konstituentenstrukturgrammatiken die Möglichkeit, mit dem umzugehen, was in der Psychologie etwa mit *Konstanzphänomenen* umschrieben wird: Unsere perzeptive Organisation sieht vor, daß wir scheinbar Gleiches hinsichtlich bestimmter Kategorien als Verschiedenes separieren, aber Erscheinungen unter veränderter Phänomenologie oder verändertem Kontext als Gleiches erkennen können. Wir ordnen also das, was sich der unmittelbaren Wahrnehmung bietet, einer abstrakteren Ebene allgemeiner Erfahrung zu.

Solchem Unterschied zwischen Erscheinungsbild und zugrundeliegender Struktur wird die Transformationsgrammatik mit der Trennung der sprachlichen Ebenen in *Oberflächen-* und *Tiefen*struktur gerecht: Transformationssyntaxen ordnen Sätzen nicht nur Oberflächenstrukturbeschreibungen zu, sondern sie führen sie auch auf eine diesen Oberflächenstrukturen zugrundeliegende Struktur zurück – eine Struktur, die die lexikalischen Elemente der Aussage miteinander in logische und grammatische Beziehung setzt und (bei Chomsky) den semantischen Gehalt in Form von *Propositionen* und ihren Verknüpfungen wiedergibt. Damit wird auch die ›inhaltliche‹ Seite von Ausdrücken in deren grammatische Beschreibung einbezogen. Zur Generierung von Sätzen ist die Anwendung einer geordneten Folge unterschiedlicher Regeln nötig: und zwar dienen zur Herstellung von Tiefenstrukturen Konstituenten- oder Basisregeln; auf diese abstrakten Strukturen wiederum werden Transformationsregeln angewandt, die Tiefenstrukturen in konkrete Sätze mit den sprach- bzw. grammatiküblichen Oberflächenstrukturen überführen. Durch solche Transformationen wird – der Konzeption entsprechend – der semantische Gehalt der Äußerung prinzipiell nicht mehr verändert. Verschiedene Oberflächenrepräsentationen einer Aussage (aktiv, passiv, Imperativ, Frageform usw.), die aus ein und derselben Tiefenstruktur erzeugt werden, haben in dieser Konzeption also alle eine gemeinsame ›Bedeutung‹.

Diese klassische These des ursprünglichen Modells der Transformationsgrammatik, wie es von Chomsky (dt. 1969 a) und Katz/Postal (1964) entwickelt worden war, hat inzwischen vielfach Widerspruch ausgelöst. Die sich damit stellende Thematik gibt gegenwärtig auch innerhalb der generativen Sprachtheorie Anlaß zu mancher neuen Durchdenkung der Positionen von Syntax und Semantik im Rahmen einer leistungsfähigen Grammatik.[37] Besonders deutlich dokumentiert sich übrigens auch hier – d. h. bei Fragen, die die Semantik berühren – wie an zentralen Punkten der fachinternen Auseinandersetzung die Information aus angrenzenden Bereichen brauchbar und notwendig werden kann. Es ist gewiß zu erwarten, daß auch die Psycholinguistik in Zukunft zu solchen Diskussionen noch mehr beizutragen haben wird.

Um noch einmal herauszustellen, was für unseren Bericht über bisherige psycholinguistische Arbeit in diesem Bereich relevant ist: Transformationsgrammatiken postulieren zwei verschiedene sprachliche Repräsentationsebenen und beschreiben für Sätze einer Sprache die Beziehungen zwischen ihnen beiden, die Beziehungen also zwischen ihren semantischen und ihren lautlichen Repräsentationen. Deshalb wollen wir jetzt experimentell belegten Hinweisen aus dem Sprachverhalten nachgehen, die auf die Wirksamkeit getrennter Strukturebenen oder auf solche sprachlichen Operationen hindeuten können, die sich im Rahmen des Konzepts der Transformation – der Überführung von der einen in die andere Strukturebene – beschreiben lassen.

Experimentelle Untersuchungen, die mit Begriffen wie ›Tiefenstruktur‹ oder ›Transformation‹ operieren, haben es vergleichsweise schwer. Solche Begriffe bezeichnen nicht nur – wie wir das ja von Beginn an gewärtig waren – theoretische Einheiten aus der linguistischen Beschreibungspraxis und gehören damit einer anderen Ebene wissenschaftlichen Arbeitens an als primäre sprachliche Daten. Sie sind zudem von einem Grad der Abstraktheit, der eine Übersetzung in konkrete experimentelle Fragestellungen recht problematisch machen kann. Experimente sind bekanntlich kontrollierte Beobachtungssituationen, in denen eine Reihe von Größen (die unabhängigen Variablen) vom Experimentator manipuliert wird, während andere Größen (abhängige Variable) in ihrer Veränderung registriert werden. Experimentelle Hypothesen sind Annahmen über das Kovariieren dieser beiden Variablentypen.

Wenn also theoretische Konzepte in Experimente einbezogen werden sollten, so müssen sie sich in experimentelle Variablen umformulieren lassen. Und natürlich ist es für die Interpretation der Ergebnisse von grundlegender Bedeutung, wieweit diese Umformulierung geglückt ist. Ein Begriff wie der der ›Oberflächenstruktur‹, mit dem wir im vorigen Abschnitt ausschließlich zu tun hatten, ist, wenn auch theoretisch konzipiert, so doch direkt umsetzbar, und Verhaltensbeobachtungen können recht unmittelbar auf Einzelheiten seiner hypostasierten internen Organisation schließen lassen. Tiefenstrukturen sind demgegenüber in der Theorie weniger auf phänomenologische Beschreibbarkeit als auf Kennzeichnung von Relationen auf abstrakter Ebene konzipiert. Sie sind außerdem bisher sehr viel unzureichender formalisiert. Ihre Operationalisierung ist daher erheblich schwerer. Daß sie sich mit direkt beobachtbaren Reaktionen nur mühsam in Beziehung setzen lassen, ist eines der Argumente, die manche transformationell arbeitenden Linguisten und Psycholinguisten zur prinzipiellen Ablehnung aller Kooperation mit Verhaltenspsychologen bestimmen – ein Thema, das wir noch detaillierter aufgreifen müssen.

Wir kommen also zunächst zu möglichen Nachweisen von zwei verschiedenen *linguistischen Ebenen mit unterschiedlicher Funktion für Sprechverhalten.* Die aktuelle linguistische Vorlage der Chomskyschen Transformationsgrammatik ist in neueren experimentellen Arbeiten in der Weise aufgegriffen worden, daß getrennte semantische und syntaktische Codierung als unabhängige Operationen beim Sprechen und Hören hypostasiert werden. Gemäß der Anordnung von Regelkomplexen sollte danach die semantische Codierung als die primäre Operation zu belegen sein, die gleichzeitig die Art und Weise bestimmt, in der Sätze im Gedächtnis gespeichert werden. Syntaktische Merkmale sollten als unabhängig und nachträglich codiert und für die Gedächtnisleistung als flüchtiger nachzuweisen sein. Darüber hinaus werden funktionale Beziehungen postuliert zwischen Reaktionszeiten und Schwierigkeiten beim Umgang mit verschiedenen Oberflächenrealisationen auf der einen Seite und der Anzahl der transformationellen Operationen auf der anderen, die nach der formalen Vorlage zu ihrer Generierung nötig sind. Nur über wenige Beispiele von Experimenten aus diesem Kontext soll berichtet werden.[38]

Miller (1962) legte seinen Probanden zwei Listen vor, eine mit einfachen, aktiven, affirmativen Aussagesätzen und eine andere mit den gleichen Sachverhalten in verschieden transformierter Form. Die einzelnen Satzpaare sollten einander zugeordnet werden; die Zeit, die die Versuchspersonen dazu brauchte, wurde als Indikator für die Schwierigkeit der jeweiligen Transformationsoperation oder -operationen interpretiert. Es ergab sich eine Reihenfolge der Zuordnungsschnelligkeit von Passiv über Negation zu Negation + Passiv. Der Zeitfaktor stieg linear an: Die Zuordnung von zugleich passiven und negativen Satzformen dauerte etwa so lange wie beide zusammen, wenn sie einzeln abgeprüft wurden.

Mehler (1963) ließ Sätze von verschiedener grammatischer Form lernen und prüfte die Wiedergabefähigkeit. Die Ergebnisse weisen vor allem syntaktische Verwechslungen aus, kaum semantische Unstimmigkeiten. Die Interpretation zielt dementsprechend auf getrennte Speicherung des semantischen Gehalts von den Merkmalen für grammatische Form sowie auf ein flüchtigeres Speichern der syntaktischen Merkmale.

Savin/Perchonock (1965) versuchten den Gedächtnisraum zu quantifizieren, den verschiedene ›Transformationsoperationen‹ zusätzlich zur semantischen Codierung in Anspruch nehmen. Die Autoren definieren ihn durch das, was über die verschiedenen Satzformen hinaus noch reproduzierbar ist. Sie ließen Sätze von verschiedener grammatischer Form, aber gleicher Länge lernen und zusätzlich jeweils eine Anzahl von unabhängigen Wörtern. Die durchschnittliche Zahl der miterinnerten Wörter war bei den verschiedenen Satzformen signifikant unterschieden. Es ergab sich die Reihenfolge: einfacher Aussagesatz – Frageform, – Passiv – Negation – und schließlich abgestuft die zusammengesetzten Formen.

Solche Experimente können in gewissem Maße die Hypothese von getrennter Codierung bestätigen und sind zudem als Beleg für eine direkte Beziehung zwischen formaler Ableitungsgeschichte und der Komplexität psychischer Leistung gewertet worden. Sie haben aber manchen Widerspruch gefunden, der sich vor allem gegen die strenge Sonderung von semantischen und syntaktischen Aspekten der Sprache wendet – ein Einwand, der sich also unmittelbar trifft mit innerlinguistischer weiterführender Kritik am ursprünglichen Konzept der Tiefenstruktur.

Bregman/Strasberg (1968) legen in diesem Sinne beispielsweise ein Experiment aus, in dem Probanden Sätze vorgelegt wurden, entweder in der Form des einfachen Aussagesatzes, als Passivformulierung, als Verneinung oder als Frage. Nach einer Weile wurden alle Versionen des Satzes gemeinsam angeboten, und es wurde geprüft, ob die richtige grammatische Form wiedererkannt wurde. Beim ersten Durchgang gab es keine Bevorzugung von bestimmten Satzformen, auch nicht vom einfachen Aussagesatz, wie zu vermuten gewesen wäre, wenn kompliziertere syntaktische Merkmale schneller vergessen werden. Ein zweiter Durchgang wurde für solche Sätze ermöglicht, die im ersten falsch bestimmt worden waren. Wenn ein Irrtum im ersten Durchgang dahin interpretiert wird, daß die syntaktischen Merkmale vergessen sind, und nur die semantischen behalten werden konnten, dann dürfte im zweiten Durchgang die Chance für die richtige Lösung nicht über dem Zufall liegen. Dies trifft aber nicht in allen Fällen zu: Bei aktiv-passiv-Verwechslungen im ersten Durchgang besteht im zweiten eine über dem Zufall liegende Chance, nun richtig zu bestimmen. Ein ähnliches Verhältnis wird zwischen Frage und Negation beobachtet. Die Autoren schließen, daß die syntaktischen Merkmale nicht die einzige Repräsentation von grammatischen Unterschieden ist, sondern daß schon gewisse bedeutungsmäßige Nachbarschaften innerhalb der verschiedenen Transformationen wirksam sind. Auch Clark/Clark (1968) und Fillenbaum (1966) wenden sich gegen die ursprüngliche Deutung von separater semantischer und syntaktischer Codierung und stellen ganz generell die semantische Basis von Gedächtnis- und Reproduktionsprozessen in den Vordergrund.

Kritik gegen die in Frage gezogenen Schlußfolgerungen läßt sich aber auch schon prinzipieller, nämlich von der zugrundeliegenden Operationalisierung der Tiefenstruktur her vorbringen. Was in diesen psychologischen Experimenten als ›semantische Codierung‹ bezeichnet wird, ist nämlich weitgehend eine von der linguistischen Theorie her nicht legitimierte Approximation an die Tiefenstruktur. Die Form des einfachen, affirmativen, aktiven Aussagesatzes hält – ähnlich wie schon bei Braine (s. S. 56 f.) für den Kernsatz – hier für die Tiefenstruktur her. Zumindest werden die Ergebnisse sämtlich auf diese Satzform hin relativiert, und Transformationen werden als Operationen aus diesen einfachen Satzformen beschrieben. In der Tat weisen solche Sätze ja die kürzeste Folge von Transformationsregeln zu ihrer eigenen Generierung auf, und sie mögen bei realer Satzproduktion deshalb weniger Zeit und Mühe kosten, weil solche Transformationen vielleicht wirklich bestimmten realen Leistungen entsprechen – ein Schluß auf zugrundeliegende Strukturen und Transformationen im Sinne der Überführung von Tiefenstrukturen in Oberflächenstrukturen dürfte aber kaum ohne weiteres erlaubt sein.

Verbales Assoziieren bietet sich als eine weitere Möglichkeit an, das Operieren mit zwei unterschiedlichen sprachlichen Ebenen zu belegen. Weisberg (1969) ließ Versuchspersonen zunächst Sätze lernen und gab dann daraus einzelne Wörter als Stimulus zur Assoziation. Es sollte mit jenem Wort aus dem gelernten Satz geantwortet werden, das dem Probanden darauf zuerst einfiel. Es ergab sich, daß als Antwort im allgemeinen ein Wort gegeben wird, das in der Tiefenstruktur am nahesten mit dem Stimulus assoziiert ist, und nicht ein Wort, das in der Oberflächenstruktur dem Stimulus benachbart ist.

Eine andere Gruppe von Experimenten greift eine Methode wieder auf, die beim vorigen Syntaxtyp bereits für die Aufdeckung von Strukturierungsgesetzen verwendet wurde: das Einfügen von Klickzeichen in auditive Sprachdarbietung. Die Ergebnisse relativieren damit zugleich diejenigen, die in Anlehnung an Phrasenstruktursyntaxen berichtet wurden. Dort war die subjektive Plazierung des Klickens als Hinweis darauf gedeutet worden, daß Oberflächenkonstituenten die Organisationseinheiten von Sprechverhalten seien. Nunmehr wird die Frage gestellt, ob nicht eher die Segmentierung in der Tiefenstruktur die Plazierung des Klickens beeinflußt, und die früheren Ergebnisse nur deshalb beobachtet werden konnten, weil in den benutzten Beispielsätzen beide zusammenfielen.

Bever/Lackner/Kirk (1969) haben subjektive Segmentierungen auch dort festgestellt, wo in der Oberflächenstruktur keine Konstituentengrenze nachzuweisen ist, wohl aber in der Organisation der zugrundeliegenden Struktur eine Nahtstelle vorhanden ist. Daß darüber hinaus beim Hören von Sätzen auch die Kenntnis der potentiellen Mehrdeutigkeit eine Rolle spielt, die bestimmte lexikalische Einheiten in der Tiefenstruktur besitzen können, haben Fodor/Garrett (1967) und Fodor/Garrett/Bever (1968) am Beispiel des Verbs zeigen können. Tiefenstrukturen mit bestimmten Verben (›John believed Bill . . .‹) sind potentiell komplexer, das heißt, sie lassen mehr Einbettungen zu als andere (›John punched Bill . . .‹). Im ersten Satz wäre eine Segmentierung der Tiefenstruktur nach dem Verb möglich, deshalb wird an solchen Satzstellen eine Erwartungshaltung induziert, und ablenkende Reize wie das Klicken werden subjektiv auch von solchen Stellen attrahiert. Im zweiten Satz, in dem das Verb unmittelbar ein Objekt verlangt, die nächste Segmentierung der Tiefenstruktur also bestimmt nicht direkt nach dem Verb erfolgen kann, ist diese Tendenz nicht zu konstatieren.

Schließlich bieten sich in diesem Zusammenhang, in dem es um die Funktion verschiedener Sprachebenen geht, wiederum die syntaktischen Mehrdeutigkeiten als experimentelles Material an, hier vorzugsweise verbunden mit Satzergänzungsaufgaben. MacKay (1966, 1967) hat unvollständige Sätze ergänzen lassen und in diesen Satzfragmenten die Art und Anzahl von Ambiguitäten variiert. Die Zeit, die die Probanden zur Ergänzung benötigten, und die Fehler, die sie dabei machten, variieren damit ganz systematisch: Sätze ohne Mehrdeutigkeiten werden am schnellsten und besten vervollständigt, solche mit lexikalischen Mehrdeutigkeiten schon langsamer, aber immerhin schneller als solche mit Mehrdeutigkeiten der Oberflächenstruktur. Am meisten Schwierigkeiten bereiten jedoch Ambiguitäten in der zugrundeliegenden Struktur.[39]

Diese zuletzt erwähnten Experimente zeigen, daß es trotz erheblicher theoretischer Probleme durchaus Möglichkeiten gibt, Begriffe wie den der Tiefenstruktur experimentell nutzbar zu machen, auch ohne naive Konkretisierungen. Bei MacKay etwa wurde die Tiefenstruktur geschickt über den außerhalb angesiedelten und strukturell beschreibbaren Gesichtspunkt der Ambiguität vermittelt.

Mit solchen Experimenten läßt sich auch am ehesten einem schwerwiegenden Vorwurf (vgl. Rommetveit 1968) begegnen: Bisherige psycholinguistische Experimente auf dem Hintergrund der Transformationsgrammatik stellten zumeist eine ganz artifizielle Situation her, sie seien auf Wahrnehmungs- und Gedächtnisleistungen ausgerichtet und ließen im Probanden eine Arbeitshaltung entstehen, in der es ihm darauf ankommen müsse, von vorgesprochenen Sätzen soviel und so exakt wie möglich papageienhaft wiederzugeben. Auf diese Weise könne z. B. leicht eine Gewohnheit ausgebildet werden, Satzinhalt und syntaktische Fußnoten getrennt zu beachten – eine Gewohnheit, die für Sprechverhalten im Normalfalle jedoch keinesfalls maßgeblich zu sein brauche.

Auch im Kontext der Transformationsgrammatik wird *Kindersprache* gern als authentische Beobachtungsquelle in Anspruch genommen, von der eine Art Beleg für die Theorie erwartet wird. Insbesondere aus dem Arbeitskreis von Roger Brown (1970) stammen maßgebliche Untersuchungen, aber auch z. B. Paula Menyuk (1969) oder Carol Chomsky (1969) haben bemerkenswerte Beobachtungen zusammengetragen. Durchaus eindrucksvoll stellen manche detaillierten Aufzeichnungen der sich entwickelnden Ausdrucksmöglichkeit die deskriptive Brauchbarkeit von transformatorischen Paradigmata unter Beweis: z. B. von dem der Negationen (Klima/Bellugi 1966; McNeill/McNeill 1968; Menyuk 1969) oder der Frageformen (Bellugi 1965; Klima/Bellugi 1966; Brown 1968; Menyuk 1969).

Im Hinblick auf die von der Grammatik differenzierten Strukturebenen der Sprache gibt es im allgemeinen eine recht große Übereinstimmung darüber, daß bei Kindern ein vortransformatorisches Stadium der Ausdrucksweise zu beobachten sei, wenn auch beispielsweise Paula Menyuk vor rigider Übertragung von Normen der Erwachsenensprache warnt und in solchen Merkmalen wie Intonationsmustern bereits Vorformen von Operationen mit transformatorischer Funktion erkennen möchte. Die eigentliche akademische Meinungsverschiedenheit geht aber darum, ob kindliche Äußerungen als unmittelbare Realisationen von Tiefenstrukturen zu bewerten seien, die direkt phonologisch repräsentiert werden, oder ob Kinder sich eher in einfachen Formen der Oberflächenstruktur verständigen und erst allmählich im Verlauf der Ausbildung von Transformationsfähigkeit in der Lage sind, Tiefenstrukturen zu erkennen.

So unternimmt es beispielsweise Cromer (1970) zu zeigen, daß Kinder erst ab einem bestimmten Stand der Entwicklung die Fähigkeit ausbilden, von Oberflächenstrukturen abzusehen und die Zuordnung zu zugrundeliegenden Strukturen zu bewältigen; nach dieser Zeit funktioniert diese Fähigkeit aber auch völlig unabhängig von einzelnen lexikalischen Hinweisreizen. Cromers Probandengruppe von Kindern unter sechs Jahren versteht Oberflächensubjekte stets als eigentliche Akteure der Aussage: Wenn man diesen Kindern eine Puppe zeigt, deren Augen geschlossen sind und fragt: ›is this doll easy to see?‹ so antworten sie mit ›nein‹. Haben sie aber einmal diese Strukturbesonderheit von Sätzen, deren Verständnis von den grammatischen Valenzen eines Adjektivs abhängen, erfaßt, so brauchen sie keinerlei spezielle Erfahrung mit bestimmten Beispielen solcher Adjektive, um im Rahmen dieser Verständnisweise zu generalisieren. Cromer hat dies mit Phantasiewörtern geprüft, mit Wörtern also, denen die Kinder in sinnfälligem Zusammenhang noch nicht begegnet sein können. Er schließt: Kindern lernen progressiv, bestimmte Transformationen zu vollziehen, und besitzen diese Operationsfähigkeit dann abgelöst von vertrauten Kontexten.

Die Gegenposition, die besonders eindringlich von David McNeill (1966 a + b) vertreten wird, postuliert, daß Kindersprache zunächst eine Ausdrucksform in Tiefenrepräsentationen sei und syntaktische Entwicklung im allmählichen Erwerb von Transformationsfähigkeit in eingeführte Oberflächenstrukturen bestehe. Dieser Teil der Argumentation fügt sich nicht mehr so leicht in den Kontext unseres bisherigen Berichts, in dem Grammatik vor allem als stimulierende formale Vorlage und als deskriptives Instrument eine Art hilfswissenschaftliche Funktion hatte. Er ist anders als nur methodologisch zu begutachten. Wir werden deshalb erst im folgenden zweiten Teil, wenn wir uns den Spracherwerb noch einmal im Zusammenhang und exemplarisch vornehmen müssen, ausführlicher auf ihn eingehen (vgl. S. 74 ff.).

II Von einheitlicher Sprachkonzeption
Kognitive und kommunikative Aspekte des Sprechens

Wir sind in unserem Bericht an einem Punkt angelangt, an dem die Frage zu stellen ist: Was bringt uns die bisher vorgestellte Arbeit an Substanz für eine eigenständige Psycholinguistik und an brauchbarer Anregung für die beiden Wissenschaften, in deren Grenzbereich wir uns befinden?

Nun, es konnte sich zeigen lassen, daß eine ganze Reihe von Details aus der linguistischen Systematik und aus psychologischer Beobachtung mit guter Berechtigung aufeinander bezogen werden können. Wenn von der Ausbildung des phonologischen Systems beim Kind, von psychologischen Hinweisen auf die Herausbildung von Wortklassen, von Hypothesen über das Zustandekommen und die Vermittlung von Wortbedeutungen und psychischen Mechanismen der Satzproduktion die Rede war, so konnten damit punktuelle Illustrationen dafür geliefert werden, daß es sich lohnen kann, über die Disziplingrenzen hinweg von der Arbeit der anderen Wissenschaft Kenntnis zu nehmen und sich dabei kritisch vermittelnder Explikation zu bedienen. Aber die Perfektionierung methodologischer Vermittlung ist nur so lange ein akzeptables Ziel, wie in ihrem Verfolg auch die thematischen Grenzen artikuliert werden, an die sie stößt.

Wir haben bei allen Exempeln auf empirische Arbeit zurückgreifen können. Hatten wir es darum aber schon mit *Sprechen* zu tun?

Unser erster Anhaltspunkt also: Gleich zu Beginn, im Zusammenhang mit psycho-phonologischen Arbeiten, war es nötig gewesen, darauf hinzuweisen, daß im Grunde vornehmlich metasprachliche Leistungen behandelt worden waren. Zwar steht fest, daß diese Leistungen Bestandteil der Sprachfähigkeit sind und als solche legitimerweise untersucht werden sollen; der Mangel an Analyse spontaner Artikulation war jedoch von Anfang an evident. In verschärfter Form sind wir diesem Problem bei der syntaktischen Sprachanalyse wiederbegegnet. Fast ausschließlich wurden die Gesichtspunkte für psycholinguistisches Interesse aus Versuchen gewonnen, in denen Sprache unmittelbar reproduziert oder gelernt, wiedererkannt und reproduziert werden mußte. Sind also solche Ergebnisse für spontanes Sprechen – das ja primär Gegenstand psycholinguistischer Betrachtung sein muß –

überhaupt relevant? Zumindest muß der Vorbehalt gelten, daß sozusagen im Vorfeld der Psycholinguistik noch manches aussteht an Erforschung der Beziehungen zwischen verbaler Gedächtnisleistung und aktueller Sprachproduktion und zwischen verbaler und nichtverbaler Gedächtnisleistung. Ebenso dürfte in diesem Zusammenhang die generelle Problematik experimenteller Situationen für den Bereich des spontanen Sprechens noch weitere Vorüberlegungen nötig machen.

Ein weiterer Gesichtspunkt kommt hinzu: Sprachverhalten interessiert uns nicht nur vorwiegend in seinem Funktionieren als spontane Äußerung, sondern darüber hinaus ganz speziell im Kontext des *Dialogs*, als sozialer Akt. Wir haben aber im Zusammenhang mit den bislang referierten Untersuchungen, kaum je dialogische Sprache vorgefunden. Besonders deutlich tritt dieser Mangel im Zusammenhang mit der ›Grammatikalität‹ zutage, ein Bewertungskonzept, das bisher ja ausschließlich für isolierte Sätze, nicht aber für Texte mit Rede und Gegenrede zur Verfügung steht. Als akzeptable, kommunikable, also in sich vollständige Sätze müssen im Dialog ja auch solche gelten, die etwa in die Gegenrede Elemente des vorher Gesagten einbeziehen und gar nicht unbedingt komplette Sätze im Sinne satzgrammatischer Regelhaftigkeit zu sein brauchen. Unter dem Gesichtspunkt der Verwertbarkeit für Sprachverwendungsprobleme liegt hier eine allgemeine Insuffizienz all solcher linguistischen Systeme, die sich als komplexeste Einheit mit dem Satz begnügen. Aus ihr müßte ebenso ein Ungenügen psycholinguistischer Arbeit folgen, die sich an Systemen dieser Art dogmatisch ausrichtet.

Ein dritter Gesichtspunkt, den die bisherigen Ausführungen vermissen lassen, ist folgender, der interdisziplinäre Arbeit in diesem Bereich besonders zu motivieren vermag: Von wenigen Punkten abgesehen, wo sich Bezüge zu allgemeinen Lerngesetzen konstruieren ließen, ist Sprache als ein selbständiges, vom übrigen Verhalten *isoliertes System* erschienen. Innerhalb einer formalen Satzgrammatik ist ein solchermaßen abgeschlossenes System Sprache ein völlig legitimer Gegenstand. Es gibt jedoch Anzeichen dafür, daß bereits die Linguistik selber sich mit diesem restringierten Objektbereich nicht mehr begnügen will. Vielmehr noch muß Psycholinguistik angesichts derart systemimmanenter Sprachbetrachtung einen Ansporn zu eigenen Aktivitäten sehen. Von ihr muß eine eigenständige Argumentation in Richtung auf den größeren Wirkungszusammenhang von Sprache – zu einheitlicher Sprachkonzeption – hin, erwartet werden: Zur

Veranschlagung von Sprache als Komponente genereller kognitiver Leistung und als Faktor sozialer Interaktion.

Im weiteren Verlauf unserer Darstellung sollen nunmehr solche
übergreifenden Zusammenhänge im Vordergrund stehen. Dabei
werden wir uns zunächst an der Reibungsfläche orientieren, die
die generative Grammatik für die Psycholinguistik darstellt:
einmal, weil diese Auseinandersetzung die derzeitige Psycholinguistik weitgehend bestimmt, zum anderen, weil gerade gewisse Implikationen der generativen Grammatik einer projek-
tierten Erweiterung des Objektbereichs von Sprachbetrachtung
entgegenzustehen scheinen und deshalb der Erörterung ganz besonders bedürfen.

Sprachkompetenz

Mit dem begrifflichen Gegensatz von Sprache und Sprechen differenzierte Ferdinand de Saussure das »Soziale vom Individuellen«, das »Wesentliche vom Akzessorischen« und kennzeichnete
Sprache als »eine Art Durchschnitt« der Rede aller Individuen,
einen »Schatz, den die Praxis des Sprechens in den Personen,
die einer Sprachgemeinschaft angehören, niedergelegt hat, ein
grammatisches System«. Die Sprache ist in keinem Individuum
vollständig, »vollkommen existiert sie nur in der Masse« (Saussure [2] 1952, 15 f.).

Chomsky hat mit seiner Unterscheidung von *Kompetenz* und
Performanz solche Sachverhalte weiter prononciert und zugleich
Anspruch erhoben, mit der theoretisch konzipierten Sprachkom-
petenz eine anthropologische Theorie zu begründen. Über die
Brauchbarkeit des Begriffspaars Kompetenz und Performanz für
die Psycholinguistik wird eine Auseinandersetzung mit dieser
anthropologischen Theorie zu entscheiden haben. Eine solche
Auseinandersetzung ist schon deshalb unerläßlich, weil die zur
Frage stehenden Begriffe inzwischen dank ihrer Suggestibilität
weithin in der psycholinguistischen Literatur Eingang gefunden
haben [1] und in einer gewissen Gefahr sind, dort unaufgearbeitete
Implikationen zu perpetuieren.

So scheint gerade, daß gewisse Vorannahmen in der Kompetenz-
Performanz-Diskussion der generativen Grammatik die be-
klagte Isolierung der Sprache als autonomes System in besonderer Weise begünstigen. Schon in der empfohlenen Forschungs-
strategie gibt es dafür Anzeichen: Die generative Linguistik hat
das Konzept einer idealisierten immanenten Kompetenz zu er-

arbeiten, die Psychologie soll ihrerseits die explanative Kraft dieser Konzeption belegen helfen. In getrennten und einander nachgeschalteten Arbeitsgängen soll der Entwurf dessen erstellt werden, was ein Sprachteilnehmer ›weiß‹, und wie er dieses Wissen erwirbt.[2] Schließlich ist als Fernziel eine Funktionstheorie, eine *Performanztheorie* ins Auge gefaßt, die integrativ in dem Sinne sein soll, daß sie die Konzeption der idealisierten Kompetenz inkorporiert. Eine so projektierte Performanztheorie steht von vornherein in Abhängigkeit und im Dienste eines festgelegten Kompetenzbegriffs und kann, wie wir sehen werden, von der übrigen Verhaltenswissenschaft nur ganz bestimmte Beiträge verkraften.

Wie wird die sprachliche Kompetenz von der generativen Grammatik beschrieben? »Normal mastery of a language involves not only the ability to understand immediately an indefinite number of entirely new sentences, but also the ability to identify deviant sentences.« (Chomsky 1964 a, 7.) Die Kompetenz ist ein »internalisiertes System von Regeln, das Laut und Bedeutung auf besondere Weise in Beziehung setzt« (Chomsky 1970, 49), dergestalt »daß ein Kind, das eine Sprache gelernt hat, die interne Repräsentation eines Regelsystems entwickelt hat, das bestimmt, wie Sätze gebildet, benutzt und verstanden werden« (Chomsky 1969 a, 44). Die Sprachwissenschaft liefert »eine Explikation für diese angeborene linguistische Theorie, die die Grundlage der Spracherlernung bildet« (Chomsky 1969 a, 41).

Unsere Zitate weisen als die konstituierenden Faktoren der Sprachkompetenz aus: eine kreative Potenz, mit beliebig vielen neuen Sätzen umzugehen, und die Urteilsfähigkeit über Grammatikalität von Sätzen. Sie offenbaren auch grundlegende Annahmen über die Natur dieser Kompetenz: sie ist a priori gegeben, internalisiert, eingeboren. Solche Aussagen bleiben nicht auf das idealisierte Modell zugeschnitten. Wenngleich »Gegenstand einer linguistischen Theorie in erster Linie ein idealer Sprecher-Hörer« (Chomsky 1969 a, 13) ist, wird doch auf reale Sprecher und ihre biologische Ausrüstung extrapoliert. Ja, daß dies möglich sei, wird als der besondere Vorzug des Modells verstanden.[3] Wir sind aus diesem Grunde auch dazu berechtigt, das angebotene Modell auf dem Hintergrund realen Sprachverhaltens zu diskutieren.

Zunächst zu den Komponenten der Kompetenz: Die Urteilsfähigkeit über Grammatikalität von Sätzen ist, wie mehrfach betont wurde, eine vorwiegend metasprachliche Leistung, die uns nur als ein Teil menschlicher Sprachfähigkeit interessieren kann (vgl. hierzu auch z. B. Bierwisch 1970 a, 338 f.; Quine 1970, 390). Freilich ist es bemerkenswert, wenn diese Fähigkeit sich im Experiment registrieren läßt, vor allem auch dann, wenn der Sprecher nicht nur nach Aufforderung seine Urteile artikulieren kann, sondern auch ohne bewußte Urteilsbildung sozusagen grammatische Bewertungen vornimmt: grammatisch korrekte Sätze werden ja (vgl. S. 37) leichter gelernt und müheloser reproduziert als abweichende. Wir haben allerdings auch gesehen, daß Redundanzgesetze einen guten Teil dieser Beobachtungen plausibel erklären können. Erinnern wir uns auch daran, daß bisherige Aussagen über Grammatikalität an monologischer Sprache und vorzugsweise an von Linguisten konstruierten Beispielsätzen expliziert worden sind, und daß dies mit realer Sprechsituation wenig gemein hat. Die Situation ist schon deshalb nicht repräsentativ für normales Sprechen, weil dieses sich keineswegs ausschließlich in grammatisch korrekten Sätzen abspielt.[4] Viel eher ist in realer Sprechsituation die Tatsache interessant, daß verbale Kommunikation trotz der vielfach nicht erfüllten Grammatikalität möglich ist und daß abweichende Sätze normalerweise ohne weiteres verstanden werden. Die eine Komponente der ›linguistischen Kompetenz‹ – verstanden als Modell für reales Sprechvermögen – reduziert sich also auf einen Tatbestand, der offensichtlich für die Verständigung nicht völlig unentbehrlich ist und der für den Fall des Dialogs nicht weiter expliziert ist.

Grammatikalität ist im übrigen ja in jeder Sprache eine – wiewohl in Grenzen flexible – Konvention, ein Maßstab induktiver Norm. Sie würde als solche die Kreativität, den zweiten Gesichtspunkt des generativen Kompetenzmodells, beschränken, wenn nicht apriorische Festlegungen über diese Kreativität das System offenhalten könnten: Die potentielle Autonomie des einzelnen Sprechers ist garantiert durch gattungsspezifische und von der Umwelt unabhängige eingeborene Qualitäten. Es wird also eine prinzipielle Unabhängigkeit von Stimulusbedingungen im Sprachgebrauch postuliert und damit die Opposition zur empiristischen Erklärung von Sprachverhalten angezeigt (vgl. z. B. Chomsky 1967 a, 4). Eines der Argumente, die dabei von der generativen Grammatik geltend gemacht werden (wir werden im nächsten Abschnitt noch ausführlicher auf diese Argumente einzugehen haben), ist das Mißverhältnis von input und output in der kindersprachlichen Entwicklung: Kinder, die ihre Sprache erlernen, ›wissen‹ mehr als sie aus der unmittelbaren Erfahrung beziehen könnten. Die Sprachkenntnis der

Kinder gehe also weit über die offerierten primären sprachlichen Daten hinaus und müsse demnach durch eine interne Grammatik determiniert sein; sie könne »auf keinen Fall eine induktive Realisierung aus diesen Daten« (Chomsky 1969 a, 50) sein.[5]

Ein anderes Argument ist die Abstraktheit der grundlegenden sprachlichen Strukturen: Wie bereits ausgeführt (vgl. S. 59), besteht das Regelsystem der generativen Transformationsgrammatik – das der Sprecher als Vorwissen einbringen soll – aus Formationsstrategien für Operationen in der Basiskomponente sowie aus Transformationsoperationen, mit denen in der Basis formierte Aussagen in ihre phonologische Repräsentation grammatischer Sätze überführt werden. Kinder, die Sprechen lernen, müssen also praktisch Zuordnungen von konkreten Oberflächenstrukturen zu abstrakten Repräsentationen bewerkstelligen lernen. Da diese abstrakten Strukturen aber nicht ›erfahrbar‹ sind, nicht als konkrete Vorlage für Imitation und Generalisation dienen können – so ist die Begründung (z. B. in Chomsky 1967 b, 80 f.; Garrett/Fodor 1968) –, müßten empiristische Lernerklärungen hier von vornherein versagen.

Solche Argumente vermögen einer inzwischen weit entwickelten Lernpsychologie kaum mehr gerecht zu werden. Längst sind Konstrukte über solche Prozesse im Organismus entwickelt, die sich unmittelbarer Beobachtung entziehen. Wir hatten im Zusammenhang mit den Mediationstheorien auf einen Komplex solcher Forschung hingewiesen. Freilich herrscht in der Lernpsychologie das Bestreben, solche intervenierenden psychischen Prozesse so exakt wie möglich jeweils in der Deskription der Stimulusqualitäten und der Verhaltensformen zu verankern. Und es ist im allgemeinen auch üblich, solche postulierten internen Prozesse mit der Terminologie von stimulus und response zu kennzeichnen. Dies ist – wie Berlyne (1965) ausführt – auch durchaus kein bloßer terminologischer Traditionalismus, sondern steht für die Hypothese, daß solche Prozesse innerhalb der ›black box‹ sich letztlich im Rahmen der Gesetze beobachtbaren Verhaltens beschreiben lassen müßten. Anders als ein Postulat eingeborener Ideen stellt sich eine solche Hypothese ganz selbstverständlich der empirischen Verifikation und muß nicht eher fallengelassen werden, als bis erwiesen ist, daß sie sich nicht halten läßt.

Zur Disproportion zwischen Sprachfähigkeit und notwendig beschränkter Erfahrung zunächst nur eine ganz allgemeine Bemerkung: Wenn eine Verhaltensweise in bestimmter Stimulussituation bekräftigt wurde, so ist damit nicht nur eine Assoziation zwischen einem anwesenden Stimulus und der betreffenden Reaktion hergestellt, sondern potentiell die Voraussetzung für eine große Zahl verschiedener Verhaltensweisen in einer großen Zahl verschiedener Stimulusverhältnisse geschaffen (Berlyne 1965, 9). Von hier aus könnte gerade mit der Lernpsychologie für generative Grammatiker die Diskussion um das Problem der ›neuen‹ Sätze in ihrer eigenen Charakterisierung der Kompetenz besonders interessant sein. Eine solche Diskussion kann aber dann erst gar nicht in Gang kommen, wenn das Postulat eingeborener Ideen von vornherein die Möglichkeit ausschließt, lernpsychologische Argumente überhaupt einzubringen.

Die Schlußfolgerung aus diesen Überlegungen muß ein Vorbehalt gegenüber der Verwendung vorbelasteter Terminologie sein: *Performanz* erscheint im Sprachgebrauch der generativen Grammatik immer in Abhängigkeit der eingeführten Kompetenz-Konzeption, sozusagen als eine invalidisierte Kompetenz. Von den Beeinträchtigungen, die in diesem Zusammenhang erwähnt werden, steht bezeichnenderweise stets die Gedächtnisleistung an erster Stelle (vgl. z. B. Chomsky 1969 a, 28). Wie wir verschiedentlich gesehen haben, ist aber gerade dies ein Phänomen, das sich in spontaner dialogischer Sprache ganz anders darstellen kann als in den bislang meist üblichen psycholinguistischen Wiedererkennungs- oder Reproduktionsexperimenten. Wenn also als Ziel integrativer und speziell auch psycholinguistischer Arbeit die Erstellung einer *Performanztheorie* angegeben wird, so muß die Dependenz dieses Begriffs vom beschriebenen Kompetenzmodell zumindest klar gesehen werden. Oder aber es muß einer weniger festgelegten Programmatik der Vorzug gegeben werden, die neutral von der Erarbeitung einer *Theorie der Sprachverwendung* spricht.

Wir werden die Diskussion um das generative Kompetenzmodell auch im nächsten Kapitel noch fortführen müssen, in dem vom Spracherwerb die Rede sein soll, denn der für unseren Zusammenhang wichtigste Aspekt dieses Modells ist ein bestimmtes Vorverständnis zur Anlage-Umwelt-Problematik im Entwicklungsgeschehen.

Am Thema des Spracherwerbs ist die allgemeine Diskussion um den Entwicklungsbegriff in einer Schärfe aufgelebt, die ihr in anderen Bereichen weitgehend durch Annäherung der Positionen genommen ist. Der Hauptgrund dafür liegt in dem bemerkenswerten Gewicht, das die generative Linguistik in dieser Diskussion gewonnen hat. Chomsky und Katz haben hier eine extreme Position neu formuliert, die sich konsequenterweise auch gegen den extremen Opponenten absetzt, so daß pointierte Stellungnahmen die Diskussion ganz wesentlich beherrschen. Wir werden uns im vorliegenden Abschnitt auf die Ausführung dieser markanten Positionen beschränken; das Thema Spracherwerb ist ja in einem allgemeinen Sinne als eine Art Paradigma psycholinguistischer Problematik in unserem Bericht fast überall präsent.

Die beiden Eckpositionen in der Interpretation von Entwicklung vertreten den alten Gegensatz von Rationalismus und Empirismus: Reifung nach vorbestimmtem Plan hier und Formung durch Erfahrung dort. Die erste Position betont das vorgeformte Programm der Ent-Wicklung; Umwelteinflüsse haben lediglich auslösende Funktion und bieten nur Übungsgelegenheit für genetisch determinierte Verhaltensformen. In der Regel verbindet diese Position damit die Vorstellung von stufen- oder phasenförmigem Verlauf der Reifung, wobei die Abfolge qualitativ verschiedener Etappen fest in einen Altersplan einprogrammiert ist. Spezifische pädagogische Anleitung kann diesen Entwicklungsgang nicht eigentlich beeinflussen. Der Erzieher kann höchstens ein Klima schaffen, in dem ›gute‹ Anlagen gedeihen und von selbst – nicht durch Druck der Außenwelt – die Oberhand bei der Ausformung der Persönlichkeit gewinnen (Neill 1960). In der Entwicklungspsychologie der letzten 30 Jahre liefert der Beitrag von Arnold Gesell ein Beispiel für diese Position (Gesell 1954).

Der entgegengesetzte, empiristische Standpunkt – in der neueren Psychologie durch den klassischen Behaviorismus vertreten – geht davon aus, daß der Mensch bei der Geburt nicht speziell vorprogrammiert, sondern lediglich reaktionsbereit ist. Ausschließlich die Umwelt prägt seine Verhaltensformen; Entwicklung nimmt einen kontinuierlichen Verlauf in Abhängigkeit von diesem determinierenden Einfluß. Der Erzieher vermag einem Kind praktisch alles beizubringen, unabhängig von Entwicklungsdaten, vorausgesetzt, daß allgemeine Lernbedingungen optimal genutzt werden.

In der maßgeblichen modernen Entwicklungspsychologie haben sich die Standpunkte freilich längst angenähert, sowohl zugunsten einer generellen Veranschlagung von spezies-spezifischen Voraussetzungen für bestimmte Verhaltensweisen wie auch zugunsten des allgemein akzeptierten Umwelteinflusses auf die individuelle Entwicklung. Solche Annäherung dokumentiert sich beispielsweise in einer Publikation wie dem ›Handbook of Socialization‹ (1969), wo sich Beiträge von Neobehavioristen und Kognitionspsychologen verschiedenster Provenienz unter dem verbindenden Stichwort der Sozialisation vereinigen.

Wie angedeutet, tritt jedoch in der Diskussion des Spracherwerbs die generative Sprachtheorie in die Rolle des Advokaten von *eingeborenen Ideen,* die die Ausbildung der Sprachkompetenz determinieren sollen. Sie hat in den letzten Jahren recht weitgehend die psycholinguistische Interpretation von empirischen Daten aus der Sprachentwicklung bestimmt.[6] Besonders prägnant dokumentiert sich solche Rezeption in David McNeills Aufsatz ›Developmental Psycholinguistics‹ (1966). Deshalb wollen wir uns mit diesem Beitrag, stellvertretend für andere, genauer befassen.

McNeill bezieht sich unmittelbar auf das Postulat eines eingeborenen Spracherwerbsmechanismus *(language acquisition device)* von Chomsky (z. B. 1961) und Katz (dt. 1969), der dem Kind als potentielles Wissen von Anfang an zur Verfügung stehen soll. Dieses Wissen kann freilich nicht sprachspezifisch sein, sondern besteht vielmehr in den strukturellen Prinzipien, die allem Sprechen zugrunde liegen, also in *sprachlichen Universalien.*[7] Eine Beschreibung dieses language acquisition device, seiner Inhalte und der Gesetze seiner Ausformung entwickelt McNeill auf dem Hintergrund von Sprachproben, die im wesentlichen von Brown/Bellugi (1964), Brown/Fraser (1963), Ervin (1964) und Miller/Ervin (1964) in langfristigen Beobachtungsreihen zusammengetragen worden sind. Der Hauptgesichtspunkt seiner Darlegungen ist folgender: Kindersprache hat eigene Strukturgesetze. Sie ist nicht lediglich reduzierte Erwachsenensprache und kann demnach nicht durch Lernen am Modell auf Grund von Imitation und Generalisation erworben sein. Trotz struktureller Besonderheiten der Kindersprache ist sie jedoch von Erwachsenensprache prinzipiell nicht eigentlich verschieden. Beide sind vielmehr genetisch aufeinander bezogen. Die eine weist sozusagen die embryonalen Strukturen der anderen auf, und Kind wie erwachsener Sprachteilnehmer verfügen prinzipiell über eine kongruente Kompetenz.

Die Beweisführung geschieht einmal mit der Analyse der syntaktischen Kategorien, deren Entwicklungsgang McNeill am Material nachzuzeichnen versucht. In der ersten Unterscheidung funktionaler Elementenklassen (in *pivot* und *open class*, vgl. S. 56) sei keimhaft schon die weitere Auffächerung angelegt. Bereits in dieser ersten Differenzierung dokumentiere sich daher eine grundlegende Übereinstimmung sprachlicher Organisierungsfähigkeit durch Kinder mit den Kategorien der Grammatik. Denn Kinder hätten keine Chance, eine Sprache in so kurzer Zeit zu ›lernen‹, wenn sie Differenzierungen *erfinden* müßten, anstatt sie nur zu *bemerken* und ihrer Ausdrucksfähigkeit entsprechend in primitiver Form abzubilden. Scheinbar schlüssig belegt McNeill solche autonome grammatische Entwicklung nach universalem Schema mit seinen Beobachtungsdaten.

Diese empirische Beweisführung hat bei McNeill aber einen grundsätzlichen Mangel, den sie mit mancher psycholinguistischer Feldarbeit der letzten Jahre teilt: Sprachentwicklung kann nicht unabhängig von der Genese übriger Fähigkeiten und von den Bedingungen, unter denen sie stattfindet, untersucht werden. Von diesen Bedingungen her erfährt die Vielfalt von Erklärungsmöglichkeiten ihre maßgeblichen Einschränkungen. So lange sprachliche Daten isoliert für sich ausgewertet werden, lassen sie sich ohne große Schwierigkeiten in Interpretationen wie die von McNeill zwingen. Würden hingegen die Beschreibungen von nichtsprachlichem Verhalten und situationellen Bedingungen mit erfolgen, dann könnte sich manche vorausgesetzte Universalie als Folge universell auffindbarer Bedingungen verstehen lassen. Solche Untersuchungen, von denen Ansatzpunkte im nächsten Kapitel vorgestellt werden sollen, würden die Ausbildung grammatischer Kategorien in Zusammenhang mit Kategorisierungshilfen von außersprachlichen Hinweisreizen bringen.

Ein anderes von McNeill ausgeführtes Argument für die universale Ausrüstung des language acquisition device basiert auf der transformationellen Komponente der Grammatik. Erste Äußerungen von Kindern seien Tiefenstrukturen, auf die direkt die phonologische Repräsentation angewendet sei. Fortschreitende Ausbildung der Sprachfähigkeit bestehe im allmählichen Erwerb von Transformationen, deren Entwicklungsgesetze sich an einzelnen Stadien ablesen lassen.

Zu dem Beispiel der Negation gibt es übereinstimmende Befunde (Ervin 1964; Klima/Bellugi 1966; Menyuk 1969), die als erste Ausdrucksform Muster wie diese ausweisen: »no wipe finger«, »not fit«. In McNeills Interpretation kommt sie durch bloßes Voranstellen des Negationselements vor eine Tiefenstruktur zustande. Zwar räumt McNeill ein, daß zur Hörerfahrung Englisch lernender Kinder Sätze wie »no, I don't want it« gehören. Eine rudimentäre Imitation solcher Oberflächenstrukturen seien die nachgewiesenen kindlichen Ausdrücke aber deshalb nicht, weil die Struktur beider Ausdrucksformen eine völlig andere sei. Die phonologische Repräsentation der Erwachsenenäußerung weise nach dem ersten Negationspartikel eine charakteristische Kontur auf, die bei kindlichen Sätzen fehle. Wenn also Imitation vorläge, dann müßten wir bei Kindern »no, not fit« erwarten. Das nächste Stadium im Ausdruck von negativen Wendungen markieren im Beobachtungsmaterial Muster wie: »there no squirrels«, »why not cracker can't talk«. Das Negativmorphem wird also in seiner Stellung variabel. Diese Äußerungen sind nach McNeill noch immer Tiefenstrukturen. Das Hilfsverb sei noch nicht wirklich eingesetzt, denn negative Formen »don't« und »can't« werden lediglich als Spezialfälle des Negativpartikels verwendet. Erst wenn Hilfsverben auch in der positiven Form angewandt würden, könne man Wendungen wie »can't« als Belege für die erworbene Transformationskompetenz für Negationen werten.

Zu solchen Interpretationen muß kommentiert werden, daß sie an bestimmte grammatische Beschreibungsformen so fixiert zu sein scheinen, daß einfachere Erklärungen gar nicht erst erwogen werden. Eine derartige Erklärung wäre beispielsweise, daß Kindersprache verkürzt und telegraphisch ist, daß in kindersprachlicher Äußerung informationsreichste Bestandteile der Erwachsenenvorlage aneinandergereiht werden (vgl. z. B. Brown/Fraser 1963; Brown/Bellugi 1964; Ervin 1964). Auch könnten bestimmte grammatische Besonderheiten der Kindersprache schlicht als Übergeneralisationen von einfachsten – weil häufigsten – sprachlichen Vorkommen in der Erfahrung der Kinder gesehen werden.

Berko (1958) hat eine solche Übergeneralisierung für Pluralendungen und Tempusflexionen bei Verben nachgewiesen: Während jüngere Kinder korrekte unregelmäßige Verbformen (came, went usw.) zu Beginn einfach imitieren und damit korrekt verwenden, gehen sie etwas später dazu über, die Formen »comed«, »goed« zu benutzen. Sie haben die statistische

Regelmäßigkeit der Vergangenheitsform als Anfügen von -ed erkannt und übergeneralisieren diese einmal gefundene Regel. Später wird durch Korrekturen durch die Umwelt ein differenzierter Einsatz der verschiedenen Möglichkeiten, Vergangenheit auszudrücken, eingeübt.

Das Vorbild der Erwachsenensprache und Lernweisen von der Imitation über Generalisation zu differenziertem Gebrauch geben hier den plausiblen Erklärungshintergrund für Erscheinungen der Sprachentwicklung ab. Deutungen von kindersprachlichen Äußerungen als Tiefenstrukturen nehmen sich daneben wie riskante Hypertrophierungen aus, die bestimmten theoretischen Postulaten der generativen Transformationsgrammatik mit Gewalt die empirische Basis liefern sollen.

McNeills Interpretation der Sprachentwicklung, die im Grunde darauf hinausläuft, daß ein »kleiner Linguist« im Gehirn des Neugeborenen (Osgood 1963 a, 751) angesiedelt wird, markiert freilich einen extremen Standpunkt. Jedoch sollte man ihn nicht einfach als solchen einordnen und ihn so in seinem Stellenwert relativieren. Man wird ihn vielmehr zu beurteilen haben als konsequenten Niederschlag der in der Psycholinguistik einflußreichen anthropologischen Position von Noam Chomsky und seinen Mitarbeitern, die sich zu einer ausgleichenden Auseinandersetzung mit anderen Beiträgen so leicht nicht bereit findet. Es ist bezeichnend, daß Chomsky sich insbesondere gegen die Darstellung des Spracherwerbs von Burrhus F. Skinner absetzt, der seinerseits als ein extremer Anwalt der behavioristischen Argumentation gelten kann und von dem selbst ebensowenig eine Öffnung zur anderen Position hin zu erwarten ist.

Jedoch ist Skinners Arbeit für den empiristischen Standpunkt – will man ihn als theoretische, inhaltlich-anthropologische Position verstehen – im Grunde nicht repräsentativ. Skinner gibt sich selbst als Feind aller Theorie, sofern sie nicht das ist, was er als einzig akzeptabel wertet: »a formal representation of data reduced to a minimal number of terms« (Skinner 1950, 216). Eine solche Konstruktion darf seiner Auffassung nach keinerlei Bezüge zu anderen Erklärungsdimensionen haben als zu solchen, die sich allein aus dem Beobachtungsfeld ablesen lassen. Hypothetischer Einbezug von Konstrukten oder fremdem Beschreibungsmodus behinderten eher die Arbeit, als daß sie sie fördern könnten. Viel mehr als die Begründung einer theoretischen Position des Positivismus ist Skinners Beitrag also ein Plädoyer für ein bestimmtes methodisches Vorgehen: die Deskription von Funktionszusammenhängen, streng beschränkt auf beobachtbare Verursachung und registrierbares Verhalten. Das Ziel sind allgemeine und quantitative Aussagen ohne Rekurs auf Intuition und heuristische Annahmen und auch ohne die Notwendigkeit, prinzipielle Unterschiede zwischen verschiedenen Verhaltensformen zu postulieren. Entsprechend ist Skinners Buch ›Verbal Behavior‹ (1957) ein Versuch, die Entwicklungsvorgänge des Sprachverhaltens als einen Konditionierungsprozeß nachzuzeichnen in genau der gleichen Weise, in der nichtsprachliches operantes Verhalten von ihm analysiert wird.[8]

Es versteht sich, daß dies als eine nicht geringe Herausforderung aufgenommen worden ist, insbesondere deshalb, weil Skinners umfangreiche experimentelle Arbeit, die den Hintergrund für seine generalisierenden Beschreibungsformen abgibt, fast ausschließlich mit Tieren durchgeführt wurde. In ›Verbal Behavior‹ wird von hier aus konsequent auf sprachliches Verhalten übertragen.

Zwar lassen sich allgemeine Prinzipien der Bekräftigung, der Differenzierung und Generalisation oder der sukzessiven Approximation, wie Skinner sie beschreibt, unzweifelhaft mit Gewinn in die Beschreibung der Sprachentwicklung einführen. Sie haben sich jedoch, wie wir verschiedentlich im ersten Teil unserer Einführung gesehen haben, durchaus verfeinern lassen. Vor allem hat. – was Skinner selbst keinesfalls akzeptieren könnte – gerade der Einschluß von hypothetischen Prozessen sie für die Deskription von Sprachverhalten geeigneter machen können.[9] Die behavioristische Position, wie sie Skinner in extremer Weise vertritt, hat sich also zumindest als brauchbare Grundlage für eine Weiterentwicklung erwiesen, während der konkurrierende deterministische Standpunkt der generativen Sprachtheorie gerade diesen Vorteil nicht aufzuweisen scheint.

Wir finden aber auch bei Skinner selbst schon manche jener Punkte angesprochen, deren Vernachlässigung uns an anderen Stellen aufgefallen war. Es ist vor allem die Konzentration auf die soziale Funktion von Sprache. Denn eine Besonderheit gesteht Skinner dem Sprachverhalten gegenüber manchen anderen Verhaltensweisen doch zu. Es ist der Tatbestand, daß primäre Bekräftigung für Sprechen immer sozial vermittelt ist. Das Kind lernt sich der Sprache bedienen, weil dieses Verhalten ihm Bekräftigung gewährt, weil es damit andere veranlaßt, in bestimmter Weise zu reagieren. Sprechen ist also hier durchaus verstanden als integriert in den sozialen Kontext. Es kann nur im Zusammenhang mit den Variablen der Situation beschrieben werden, in der das Kind das Bedürfnis hat, durch sprachliche Äußerung seine soziale Umgebung zu mobilisieren, und in der es damit Erfolg hat. Dieser pragmatische Gesichtspunkt von Sprechen als sozialem Akt wird uns später noch zu beschäftigen haben. Zunächst wird es im folgenden Abschnitt um den instrumentalen Charakter der Sprache im Zusammenhang übriger Verhaltensorganisation gehen.

Sprache und Kognition

Die instrumentale Funktion, die Sprache für die gesamte Verhaltensorganisation besitzt, ist speziell von der russischen Psychologie immer wieder hervorgehoben worden. Pawlow sah in dieser Funktion ein eigenes Prinzip menschlicher Nerventätigkeit begründet (Pawlow 1953; Iwanow-Smolensky 1960): das (sprachliche) *zweite Signalsystem*, das dem Menschen mit der Sprache zur Verfügung steht, leistet die Systematisierung und Beurteilung unmittelbarer Erfahrung, denn mit sprachlichen Mitteln läßt die Objektwelt sich nicht nur bezeichnen, sondern auch auf begriffliche Kategorien beziehen.[10]

Die Sprache lebt so aus bloß unmittelbarer Erfahrung heraus; mit dem Sprachgebrauch erhält das Kind von den ersten Monaten an den »Erfahrungsschatz ganzer Generationen, oder allgemeiner, der Menschheit« (Luria 1970, 39) übermittelt. Indem Erwachsene Gegenstände benennen und damit gleichzeitig die Beziehungen und Verknüpfungen zwischen Objekten definieren, schaffen sie beim Kind Formen der Reflexion über die Objektwelt, die aus nur eigener, begrenzter Erfahrung nicht angestellt werden könnte. »Dieser ganze Vorgang der Übertragung von Wissen und Bildung von Begriffen ... konstituiert den zentralen Prozeß der intellektuellen Entwicklung des Kindes« (Luria 1970, 40). Wörter und ihr syntaktischer Verbund ziehen also vom bezeichneten Sachverhalt die begriffskonstituierenden Merkmale ab und ermöglichen die Gliederung der Objektwelt in Vertreter strukturierter Klassen. Sie machen ihre Wahrnehmung damit dauerhaft und allgemein gültig. Somit wird die Sprache zum entscheidenden Faktor geistiger Aktivität, der das eigene Erleben vervollkommnet, der »neue Formen der Aufmerksamkeit, des Gedächtnisses und der Einbildungskraft, des Denkens und Handelns« (Luria 1970, 40) hervorbringt.

Das Kind beginnt schon mit der Hörerfahrung, viel mehr noch mit dem eigenen Sprechen, sich im begrifflichen Denken zu üben, die dadurch bereitgestellten Systematisierungen zu nutzen und dieses Instrumentarium an die eigene Wirklichkeitsanalyse heranzutragen. Indem sich so sprachlich vermitteltes kulturelles Erbe und die eigene Gegenwart treffen, kann die traditionelle Begriffswelt zu neuen Kombinationen, Umstrukturierungen und Verknüpfungen eingesetzt werden, kann Begriffsverwendung kreativ sein. Vergleichbare Möglichkeit kreativen Verhaltens auf der Grundlage der verbalen Mediation fanden wir von Modellen der Lernpsychologie angeboten, wo zwischen verursachender Stimuluskonstellation und Verhaltensmöglichkeiten eine Vielfalt von konvergierender und divergierender Vermittlung möglich ist.

Es läßt sich an dieser Stelle noch einmal fragen, ob generative Sprachtheorie mit Recht solchen Modellen vorwerfen kann, sie seien nicht in der Lage, die prinzipiell kreative Sprachfähigkeit abzubilden. Im Sinne generativer Linguistik ist Kreativität das Vermögen, unbegrenzt viele Sätze zu produzieren – nach Maßgabe eines festgefügten und einschränkenden Regelsystems. Mit sicher ebensoviel Berechtigung ist das kreativ zu nennen, was verhaltenspsychologische Theorie hier an Umstrukturierung und neuartiger Verknüpfung von tradiertem sprachlichem Begriffsbestand und aktueller Anforderung an die Verbalisierung thematisiert. Mit der Anerkennung von Kreativität in diesem Sinne ist es unnötig, auf einen a priori im Individuum wurzelnden ›language acquisition device‹ zu rekurrieren, der bereits alle grundlegenden grammatischen und logischen Kategorien vorgeformt zur Verfügung stellt. Die Disproportion zwischen input und output der Spracherfahrung reduziert sich nämlich entscheidend – und kann kaum mehr als Argument gegen verhaltenspsychologische Erklärungen verwendet werden –, wenn als input nicht lediglich eine zufällige Auswahl von Sätzen aus dem Corpus verstanden wird, sondern wenn akzeptiert wird, daß sich in dieser Auswahl die Begrifflichkeit von Sprache, genauer die Begrifflichkeit einer spezifischen »historisch gewordenen und historisch gegebenen Einzelsprache« (Coseriu 1967 a, 79) repräsentiert.

Wenn Psycholinguistik den Spracherwerb in dieser Weise, nämlich im Hinblick auf seine Verquickung mit der gesamten kognitiven Entwicklung, versteht, wird sie aus der linguistischen Semantikdiskussion vorzugsweise solche Beträge assimilieren, die in Zukunft diese Begrifflichkeit von Sprache theoretisieren können. Es läßt sich mutmaßen, daß hierzu gerade solche Beiträge gehören könnten, die – etwa Wittgensteinschen Ansätzen folgend – Sprache auf der Grundlage des Umgangs mit ihr, im Zusammenhang mit ihrer Funktion für Verhalten, behandeln. Ebenso könnten solche Beiträge besonders wichtig werden, die – in dem Sinne, wie Polenz (1970 a, 10) die Arbeit einer historischen Sprachforschung als ein Desiderat beschreibt – Sprache in ihrem sozialen Wandel und ihrer von dorther bestimmten Valenz für aktuelles Verhalten thematisieren.

Als psychologische Vorarbeiten zu einer derart integrierten Behandlung von Sprache und übriger kognitiver Verhaltensorganisation lassen sich eine ganze Reihe von russischen experimentellen Arbeiten verstehen, wo etwa die Funktion der Sprache bei der Wahrnehmung und der Gedächtnisleistung oder beim Differenzierungsvermögen untersucht wird (vgl. die Referate von Slobin 1966 c; Leontjew 1969).

Besonders bemerkenswert sind in diesem Zusammenhang Beobachtungen Wygotskys, z. B. die, daß Kinder immer dann, wenn sie mit schwierigen Problemen konfrontiert sind, mit sich selbst zu sprechen beginnen. Kinder stellen auf diese Weise für sich eine Art verbaler Repräsentation der Situation her. Zur Bewältigung der anstehenden Probleme können sie damit auch solche systematisierenden Erfahrungen einbeziehen, die zu einem früheren Zeitpunkt assoziativ mit dem entsprechenden verbalen Material verknüpft waren. Das Kind vermag also mit Hilfe der verbalen Codierung die Möglichkeiten, momentane Schwierigkeiten zu lösen, deshalb anzureichern, weil diese Codierung früher erworbenes Wissen in systematischer Form repräsentiert.[11]

Auf Beobachtungen wie diesen gründet sich Wygotskys vielbeachteter Beitrag zum Zusammenhang von Sprechen und Denken (Wygotsky, dt. 1964; Wygotsky/Luria 1929). Wygotsky setzt sich darin explizit gegen den behavioristischen Standpunkt Watsons (1920) ab, der Sprechen und Denken miteinander identifiziert, Denken als subvokales Sprechen und Sprechen als lautes Denken bezeichnet. Ebenso wendet er sich gegen Piagets Darstellung der Sprachentwicklung als Teilproblem der Überwindung des kindlichen Egozentrismus zugunsten von ›sozialisiertem‹ Verhalten.

Egozentrismus ist Piagets Generalnenner für kindliche Insuffizienz, die eigene Perspektive aufgeben und den Standpunkt des anderen einnehmen zu können. Entsprechend ist kindliche Sprache monologisch und nicht zu dem Zweck geäußert, vom Gegenüber verstanden zu werden. Diese generelle Unfähigkeit, differenzierte Perspektiven einzunehmen, konstatiert auch

Wygotsky, und er vermerkt ebenso wie Piaget den Abfall ego-
zentrischer Sprache um das sechste Lebensjahr. Jedoch unterscheiden sich beide Autoren in der Auslegung grundlegend: Für
Piaget wandelt sich die egozentrische Sprache in eine soziali-
sierte. Die damit vollzogene Gleichsetzung von *egozentrisch* und
vor-sozialisiert ist es, die Wygotsky ablehnt. Ursprüngliche
Sprache des Kindes versteht er als rein sozial – ganz ähnlich
wie Skinner, und wie beispielsweise auch C. und W. Stern (1928).
Erst später differenziert sich nach Wygotskys Sicht kindliche
Sprache ihrer Funktion nach in eine egozentrische und eine
kommunikative, wobei die egozentrische Sprache ein Über-
gangsstadium von sozialer Sprache zum sprachlichen Denken,
zur inneren Sprache, ist. Das Kind überträgt in diesem Stadium
soziale Kommunikationsformen in den privaten Bereich seiner
persönlichen Problemstellungen; es beginnt für sich selbst zu
reden und mit der oben beschriebenen Funktion einer Repräsentation von Wissen und einer Orientierungshilfe für eigenes
Verhalten. In dieser Funktion kann sich solche innere Sprache
immer mehr verkürzen und braucht selbst nicht mehr kommuni-
kabel zu sein, bis sie sogar ›untertaucht‹ und zum sprachlichen
Denken wird.[12]
Neben solchen Beobachtungen liefert auch die Sprachpathologie
Belege für die hier angeführte These, daß sprachliche Vermittlung die Amplifikation von begrenzter und unmittelbarer Erfahrung ermöglicht und Denkoperationen maßgeblich und systematisch stimuliert. Häufig ist beispielsweise die Aphasie als eine
Veränderung intellektueller Prozesse in Abhängigkeit vom
Verlust der Sprache gekennzeichnet worden.[13] Denn mit manchen
aphasischen Störungen geht eine Beeinträchtigung kategorialer
Verhaltensformen einher, so daß die Patienten auf konkrete,
an der unmittelbaren gegenständlichen Wahrnehmung orientierte Handlungen zurückgeworfen sind.
Daß nun aber alles begriffliche Handeln sprachabhängig sei,
daß – wie Benjamin Whorfs Hypothese (1963) nahelegt – in
einer Sprachgemeinschaft langfristig nur gedacht werden kann,
was durch die Sprache determiniert ist, oder daß Denken unter
der ›Tyrannei‹ des Wortes steht (Chase 1950), ist allerdings
ein zu genereller Schluß, wenn er auf die Sprachentwicklung
des Individuums bezogen wird. Denn die Aussage, daß Sprache
von entscheidender Bedeutung für kognitive Strukturierungs-
leistungen ist, impliziert weder notwendig ihre Autonomie noch
ihre Priorität. Entsprechende Argumente lassen sich wiederum
von der Sprachpathologie beziehen. Sie werden besonders ein-

drücklich von Eric Lenneberg in seinem Buch ›Biological Foundations of Language‹ (1967) vorgebracht. Aber auch beispielsweise Furth (1966) stellte in Versuchen mit gehörlosen Kindern fest, daß diese Kinder keine auffällige Retardierung bezüglich der Organisation der Wahrnehmung und der Verwendung abstrakter Kategorien aufweisen. Wo solchen Beobachtungen widersprochen wird (vgl. z. B. Ausubel 1965; 1968), ist der Einwand nicht ganz unerheblich, daß kognitive Retardierungen sich aus der Ausnahmesituation gehörloser Kinder und ihrer insgesamt geringeren Umweltanregung herleiten können. Auch spielt hier die Problematik nicht verbaler Intelligenztests hinein, die vermutlich doch nicht als gänzlich sprachfrei gelten können (vgl. S. 91 f.). Eine interne Verbalisierung der Aufgaben kann auch in solchen Tests die Lösung erleichtern, und schlechteres Abschneiden in angeblich sprachfreien Tests kann deshalb durchaus auch von der Sprachfähigkeit abhängen und muß nicht unbedingt allein kognitive Defizienz ausweisen.

Offensichtlich sind unsere Überlegungen zur Interdependenz von Sprache und Kognition also nach der anderen Richtung hin ergänzungsbedürftig, in der die allgemeine kognitive Leistung die zentrale Rolle spielt. Die wichtigsten Informationen, die wir hierfür heranziehen müssen, stammen ohne Zweifel aus der Arbeit des Genfer Psychologen Jean Piaget.

Es sind in ganz besonderem Maße gerade die vorsprachlichen Etappen kognitiver Entwicklung, denen Piaget grundlegende Bedeutung beimißt; sprachliche Kategorisierung ist bei ihm lediglich ein Faktor unter anderen in der allgemeinen Herausbildung des logischen Denkvermögens. Piagets Arbeit und der seiner Mitarbeiter gebührt daher in gewisser Weise ein spezielles Verdienst, die Sprache in einem Gesamtkontext kognitiver Leistungen integriert, sie also aus ihrer isolierten Position herausgelöst zu haben.

Piaget (1947, 1955, 1968) zeichnet die kindliche Entwicklung in ihren Stationen auf, von undifferenzierter Egozentrik mit der Bezogenheit auf die unmittelbare räumliche und zeitliche Umgebung, hin zum differenzierten ›sozialen‹ Verhalten, das von aktuellen Bedürfnissen und räumlicher wie zeitlicher Gebundenheit unabhängiger wird. Auf jeder Stufe der Entwicklung beschreibt Piaget distinkte kognitive Schemata, die dem Kind in einer von Natur festgelegten Abfolge zur Verfügung stehen und mit denen die Umwelt assimiliert und begriffen, d. h. in ihren invarianten Merkmalen erkannt wird. Nur das kann jeweils der Erfahrung einverleibt werden, wofür bereits

Assimilationsschemata verfügbar sind. Widersetzt sich ein Sachverhalt solcher Assimilation, so kann damit ein Konflikt ausgelöst werden, der die komplementäre Strategie der Akkommodation, der Anpassung an die Eigenheiten des Objekts, in Gang setzt. Immer höhere Formen des Gleichgewichts zwischen diesen Tendenzen der assimilierenden Internalisierung und der adaptiven Akkommodation an die Zustände der Außenwelt zu erreichen, ist das Ziel kognitiver Entwicklung. Soziale Gegebenheiten der Umwelt und biologisch fundierte individuelle kognitive Potenz greifen so in einem Prozeß der Interaktion ineinander.

Die auf den verschiedenen Etappen dieses Prozesses unterschiedlichen Formen des Umgangs mit der Welt indizieren jeweils die bestimmenden kognitiven Operationen und die Art der Repräsentation, die das sich entwickelnde Individuum von seiner Erlebniswelt herstellt. Bei der ersten Form, in der das Kind die Umwelt begreift und erste Invarianzen und Dingkonstanzen bildet, ist Kognition total mit Handlung identifiziert. Objekte werden sensumotorisch erfaßt, die Repräsentation der Umwelt ist *enaktisch* (Bruner 1966, 12 ff.). In dieser Etappe vermißt das Kind einen Gegenstand nur dann, wenn er ihm direkt aus den Händen genommen wird. Erste Schritte der Überwindung dieses totalen perzeptiven und motorischen Egozentrismus deuten sich an, wenn das Entfernen von Gegenständen auch schon dann registriert wird, wenn das Kind erst begonnen hat, danach zu greifen, und wenn es dazu schließlich genügt, das Objekt aus dem Gesichtsfeld des Kindes verschwinden zu lassen: die Existenz von Dingen wird permanent, auch ohne eine direkte Aktion.

Später werden sensumotorische Schemata von symbolischen abgelöst: das Kind ›begreift‹ ganze Objekte und Sachverhalte, auch wenn es nur Teile davon wahrnimmt, und es ist zunehmend in der Lage, im Spiel Stellvertreter zu akzeptieren, die die Objekte sinnbildlich darstellen. Die Repräsentation der Umwelt wird damit *ikonisch* (Bruner 1966, 21 ff.). Während diese Bilder zunächst ganz persönlichen Sinncharakter haben können, setzt *symbolische* Repräsentation (Bruner 1966, 30 ff.) im eigentlichen Sinne Kommunikabilität und damit die Teilnahme an sozial verwendeten Zeichensystemen voraus. Im Zuge dieser allgemeinen Entwicklung der Symbolfunktion geschieht es also, daß das Kind zum festgesetzten Zeitpunkt beginnt, das wichtigste dieser Zeichensysteme, die Sprache, zu gebrauchen.

Piagets Konzeption der kognitiven Entwicklung ist vielerorts aufgegriffen und verarbeitet worden und muß inzwischen im Zusammenhang mit ihrer Wirkungsgeschichte gesehen werden. Wir wollen für unsere Erörterung einige Beispiele herausgreifen, die es uns besonders gut erlauben, an die Diskussion um genetische Vorstrukturierung von Sprachentwicklung anzuknüpfen.

Lawrence Kohlberg (1968; 1969) proklamiert (ganz im Sinne Piagets) kognitive Entwicklung als feste Folge von Stadien mit jeweils qualitativ andersartigen Verhaltensmodi, als eine Folge von »different modes of child's thinking or solving the same problems at different ages«. Kognitive Strukturen sind Regeln der Informationsverarbeitung. Festschreibungen aus der Interaktion zwischen »certain organismic structuring tendencies and the structure of the outside world«. Diese Interaktion spielt sich auf dem Hintergrund allgemeiner Kategorien ab, die von Kohlberg – noch expliziter als von Piaget selbst – im Sinne von logischen Grundkategorien beschrieben werden: »The process of relating events depends upon general categories which represent the modes of relating common to any experienced event, for example, causality, substantiality, space, time, quantity, and logic« (Kohlberg 1968, 1017).

Diese Grundkategorien – so Kohlberg – sind von Natur aus angelegt. Zwar formen sie sich immer mehr im Laufe der verschiedenen Entwicklungsstadien in der Auseinandersetzung mit der Erfahrung aus. Aber sie unterscheiden sich von spezifischeren Kategorien prinzipiell dadurch, daß sie nicht in bezug auf Objekte definiert werden müssen, und also zu ihrer Konstitution im Grunde keine Erfahrung nötig ist. Anders als etwa der Begriff ›Tier‹ (von dessen Entwicklung man nicht sprechen kann, ohne anzunehmen, daß das Kind Erfahrungen mit Tieren gemacht hat), sind sie auf die spezielle Herausbildung auf Grund der Begegnung mit konkreter Objektwelt nicht angewiesen. Sie sind im Gegenteil erst die Bedingung der Möglichkeit, spezifische Erfahrung mit Objekten zu erwerben. Diese allgemeinen Kategorien sind deshalb a priori als »modes of relating objects« in der biologischen Ausrüstung enthalten, sie sind Einrichtungen des Organismus, die eine Einordnung der Umwelt erst ermöglichen. Konkreter: wenn Kinder zwei aufeinanderfolgende Ereignisse kognitiv ursächlich verbinden, so deshalb, weil ihnen die Kategorie der Kausalität zu eigen ist; wenn Kinder Objekte in zeitliche Relation bringen, so weil sie einen Zeitbegriff besitzen, den sie in der Auseinandersetzung mit der Umwelt lediglich schulen und ausdifferenzieren müssen.

Ganz deutlich bietet sich hier der Vergleich mit dem an, was Chomsky und Katz (und vor ihnen eine ganze Tradition der Philosophie) *eingeborene Ideen* nennen und in einem ›language acquisition device‹ ansiedeln. Zwar kann Kohlberg einen solchermaßen konstruierten Spracherwerbsmechanismus nicht akzeptieren, aber nur deshalb nicht, weil für ihn wie für Piaget die Sprache lediglich ein Partialproblem darstellt. ›Innate ideas‹ werden hier aber ebenso angesetzt, nur früher in der Entwicklung und auf allgemeinerer Ebene. Ganz ähnlich wie auf der einen Seite ein Kind, das eine Sprache lernen soll, bereits im Besitz eines Vorwissens sein muß, das ihm die Einordnung von sprachlichen Wahrnehmungen erst möglich macht, ist bei Kohlberg jegliche Erfahrung, auch nicht sprachliche, nur mit einem Grundstock an eingebrachten Kategorien möglich. Von einem solchen generellen Entwicklungsmodell aus lassen sich daher beispielsweise linguistische Tiefenstrukturen so bequem mit kognitiven Strukturen in Vergleich setzen (Aebli 1970, List 1971).

Auch Chomskys Einteilung von Universalien in formale und substantielle ist hier direkt applikabel: Bei Kohlberg oder bei Piaget können substantielle Universalien wie etwa die Hierarchie grammatischer Kategorien – die bei McNeill im Paket der eingeborenen Ideen enthalten sind – als allgemein brauchbare Beschreibungsmittel gelten. Sie sind aber nur auf dem Hintergrund von allgemeinen Modalitäten zu definieren, die ihrerseits biologisch fundiert und vorgebildet sind und im System als abstrakte Bedingungen oder formale Universalien fungieren. Kurz: im referierten Modell geschieht also bei aller Anerkennung des modifizierenden Einflusses sozialer Umwelt wiederum die Festlegung auf eine Reihe von abstrakten aber doch inhaltlichen a prioris, die sich einer empirischen Erforschung von vornherein widersetzen.

Demgegenüber läßt sich ein ebenfalls kognitionspsychologisches Modell anführen (Baldwin 1969), in dem die Kategorien von Raum, Zeit und Logik nicht anthropologische Entitäten sind, sondern in dem auch diese generellen Modalitäten lediglich Beschreibungsformen sind, die eine gewisse kulturunabhängige Gültigkeit besitzen und sich entsprechend universell verwenden lassen. Die genetische Ausrüstung ist hier ganz allgemein als eine bestimmte Wahrnehmungs- und informationsverarbeitende Kapazität eingebracht, eine Kapazität, die darin begründet ist, daß Erfahrungen bereits in strukturierter Form rezipiert werden können. Eindrücke aus der Umwelt bilden sich so nicht nur im Sinne des Reiz-Reaktions-Paradigmas aus, sondern auch als Repräsentation von Relationen zwischen Sachverhalten und Objekten. Das Individuum selbst mit seinen eigenen Reaktionsweisen hat in dieser Repräsentation ebenso wie andere Stimulation seinen Platz. Auf diese Weise stellen sich zwei Formen des Lernens dar, die prinzipiell mit den gleichen Mitteln erforscht werden können: neben den Erwerb adäquater Verhaltensantworten auf entsprechende auslösende Situationen (die traditionell beschriebene S-R-Beziehung) tritt der Erwerb kognitiver Relationen, ein S-S-Lernen, zu denen beispielsweise solche Beziehungen gehören wie: A verursacht B, C ist äquivalent D, oder E impliziert F (Baldwin 1969, 336).

Diese Andeutungen über allgemeine verhaltenstheoretische Konzeptionen waren an dieser Stelle deshalb nötig, weil unsere Kritik an der generativen Version des Kompetenzbegriffs im weiteren konsequent die Eingliederung des Problems in Zusammenhänge von Wahrnehmungsgeschehen, Kognition und allgemeiner Verhaltensorganisation zu betreiben hat. Ansätze dazu sind in der Psycholinguistik neuerdings zu verzeichnen. Die Arbeiten von Bever und Mehler (Mehler/Bever 1967, Mehler/Bever 1968, Bever 1970) sollen uns dafür als ein Beispiel dienen.

Drei verschiedene Typen sprachlicher Organisation werden von Bever (1970) parallel zu allgemeinen kognitiven Verhaltensstrategien beschrieben. Die Deskription fußt wiederum auf der ontogenetischen Entwicklung, die sich deshalb anbietet, weil diese Strategien – von Erwachsenen integrativ verwendet – in bestimmten Altersgruppen isoliert registrierbar sind: sie entwickeln sich sukzessiv, und in den verschiedenen Phasen der Entwicklung wird jeweils eine davon ausschließlich oder vornehmlich praktiziert.

Das erste Reaktionsmuster bilden danach fest vorgegebene, biologisch fundierte Verhaltensmöglichkeiten (basic concepts); bei der Erfassung von Mengen – die Bever hier als Exempel dient – beispielsweise die Möglichkeit, sieben konstituierende Einheiten einer Menge auf einmal wahrzunehmen. Das zweite Muster ergibt sich aus Generalisierungen auf Grund begrenzter konkreter Erfahrung (behavioral strategies), und das dritte auf Grund von abstrakten, kulturell vermittelten Handlungsprinzipien (epistemological structures).

Kinder von zwei bis drei Jahren schätzen in den entsprechenden Experimenten Mengen bis zu sieben Einheiten der Größe nach spontan richtig ein, obwohl sie dabei natürlich nicht zählen. Später sinkt die Leistung gegenüber diesem frühen Stadium deutlich ab, wenn Drei- bis Fünfjährige eine kleinere Menge, die auf ein größeres Areal verteilt ist, mit einer größeren, aber nahe zusammenliegenden Menge von Objekten vergleichen sollen. Diese Kinder treffen ihr Urteil nun falsch, weil sie es ausschließlich abhängig machen von der Erfahrung, daß im allgemeinen größere Mengen auch größeren Raum einnehmen. Ab etwa sechs Jahren werden solche Aufgaben wieder richtig gelöst, nun aber deshalb, weil die Kinder jetzt über den Zahlbegriff als Instrument zur Abstrahierung von Inhalten und Situationsbedingungen verfügen.

Im Bereich des Sprachverständnisses wertet Bever als ›basic capacities‹: den Referenzbezug für Objekte und Aktionen, das Konzept der Prädikation und gewisse Vorstufen für ein Unterscheidungsvermögen von Strukturen. Experimentell geprüft werden diese Fähigkeiten bei Zwei- bis Dreijährigen, indem man beobachtet, wieweit die Kinder Aufforderungen nachkommen können, in denen diese grundlegenden sprachlichen Modalitäten variiert sind.

Die darauffolgende Etappe, die bei der Mengenperzeption als Übergeneralisierung beschrieben wurde, schlägt sich im verbalen Verhalten auf vergleichbare Weise nieder: Regelmäßigkeiten von nur statistischer Gültigkeit werden zur Richtschnur der gesamten Sprachperzeption. Beispielsweise führen Kinder dieses Alters von zwei verknüpften Aufforderungen die erste immer auch zuerst durch, selbst dann, wenn durch eine Konstruktion mit ›obwohl‹ oder ›während‹ die im allgemeinen übliche Subordination des zweiten Verbalkomplexes aufgehoben ist. Ebenso wird der erste Nominalkomplex immer als tragendes Subjekt des Satzes verstanden, auch dann, wenn er sinngemäß das Objekt darstellt.

Im dritten Stadium gelingt dann die Relativierung solcher durch Induktion aus der begrenzten Erfahrung gebildeten vermeintlichen Regeln.

Die verbalen Strategien, die Bever der ersten Entwicklungsstufe zuordnet, werden als inhaltlich biologisch fundiert verstanden und nicht weiter hinterfragt. Dies muß freilich denselben Vorbehalt auslösen, wie manche der in den zurückliegenden Abschnitten besprochenen Modelle. Auch geschieht hier wie bei vielen von Piaget stark beeinflußten Forschungsarbeiten eine vermutlich zu rigide Festschreibung von Entwicklungsgegebenheiten auf ganz bestimmte Altersgruppen.

Die sich hier in experimenteller psycholinguistischer Arbeit allmählich anbahnende gleichlaufende Untersuchung von Sprache und Kognition ist jedoch prinzipiell von Bedeutung, theoretisch wie praktisch pädagogisch. Von diesem Ansatz aus kann z. B. psycholinguistische Problematisierung des Begriffslernens und der Begriffsverwendung unmittelbar didaktische Folgerungen haben: Begriffskonstitution ist in diesem Ablaufmuster zunächst als Referenzbezug für Klassen von Objekten und als globale Prädikation etabliert. Im zweiten Stadium dient das abstrakte Gefüge syntaktischer Relationen zu ihrer Differenzierung und Präzisierung im Rahmen verbundener Aussage, jedoch in einer noch unfreien, von statistischen Häufigkeiten in konkreter Erfahrung diktierten Weise. Erst die Relativierung bloß begrenzter Erfahrung erlaubt den souveränen und kreativen Umgang mit Begriffen. Entsprechend ist die Funktion von Vorschule und Schule als Förderung des kognitiven Stils im dritten Stadium besonders hervorzuheben: als die Einführung der Instabilität in die Begriffswelt, als Relativierung von Generalisationsgewohnheiten aus begrenzter eigener Erfahrung. Solche Überlegungen können direkt überleiten zur Thematik unseres nächsten Abschnitts.

Spracherziehung

Zwei Gesichtspunkte standen in den letzten Abschnitten im Mittelpunkt unserer Überlegungen: Sprache sollte nicht in einer rigiden Weise als im einzelnen abhängig von biologischer Determinierung verstanden werden, und: Sprachverhalten kann nicht isoliert und abgekapselt vom übrigen kognitiven Verhalten problematisiert werden. Zum ersten Punkt war Kritik an der anthropologisierenden Selbstdarstellung der generativen Grammatik geübt worden, weil das Argument der biologischen Fixierung von Sprachvermögen von dorther eine vermeintliche theoretisch-inhaltliche Grundlegung bezieht. Zum zweiten Punkt war im vorigen Abschnitt versucht worden, einige Verbindungslinien zwischen Sprache und übrigem intelligentem Verhalten zu diskutieren.

Beide Gesichtspunkte, aus psycholinguistischer Arbeit gewonnen, müssen nun allerdings in jeder weiteren Explikation deutlich bereits an die Grenzen von Psycholinguistik als zuständiger Disziplin stoßen. Die Thematik, der wir uns jetzt zuwenden wollen, und in der allgemeine pädagogische und didaktische und auch sprachsoziologische Interessen im Vordergrund stehen, kann daher in diesem Rahmen allenfalls sehr punktuelle Behandlung erfahren. Wir wollen dementsprechend dieses sehr komplexe

Thema der Sprachbeeinflussung und Spracherziehung hier nur insoweit ansprechen, wie wir aus unseren bisherigen Überlegungen dafür Hinweise beziehen können.

Betrachtet man das Problem unter dem Aspekt des Zusammenhangs von Sprechen und Denken, so muß man in Anrechnung stellen, daß Prioritäten, die von dorther gesetzt werden, notwendig weitreichende Konsequenzen bedingen. Wo der ursächliche Vorrang der sprachlichen Leistung zuerkannt wird, intelligentes Verhalten sozusagen prinzipiell als der verlängerte Arm von Sprache angesehen wird, gibt es die bekannte und in jüngster Zeit recht vehement vorgetragene Forderung nach kompensatorischem Sprachunterricht, von dem man Ausstrahlung auf eine allgemeine Leistungszunahme erwartet.

Dieser Impetus bezieht seinen Optimismus einmal aus der eindrucksvoll dokumentierten ›Machbarkeit‹ von gezielter Veränderung des Sprachverhaltens durch verbale Konditionierungstechniken.[14] Vor allem begründet er sich aber aus Korrelationen zwischen einschlägigen Beobachtungsdaten: Maße für Verbalisierungsfähigkeit stehen anerkanntermaßen in engem Zusammenhang mit Kennziffern für allgemeine Intelligenz. Beispielsweise korreliert der Untertest ›Wortschatztest‹ des ›Hamburg-Wechsler Intelligenztests für Erwachsene‹ mit seinem Gesamtergebnis so hoch wie kein anderer: 0.89. Die Kurzformel der verbalen Leistung für die generelle Beurteilung ist so naheliegend, daß besonders starke Diskrepanzen zwischen dem Abschneiden in verbalen und nichtverbalen Teilen von Intelligenztests oft und mit mancher Berechtigung gar nicht so sehr im Hinblick auf eine spezielle Intelligenzstruktur interpretiert, sondern eher als Indikator für ungünstige psychische Bedingungen bei der Testaufnahme oder als hypothesenstiftend für persönliche Konflikte und momentane Leistungsblockierungen verwertet werden.

Die Folgerungen, die aus solchen engen Zusammenhängen von Sprachleistung und Intelligenz herausinterpretiert werden, sind freilich oft kurzgeschlossen. Einmal ist von der methodischen Seite her zu bemerken, daß Korrelationen keine Aussagen über Kausalzusammenhänge rechtfertigen. Zum anderen ist die Frage der Validität bei Intelligenzmessungen – d. h. die Frage danach, ob sie wirklich das erfassen, was man damit messen will – durchaus problematisch. Aus diesem Grunde erscheint manchem, der mit der Materie arbeitet, die Definition des Zielobjekts: Intelligenz sei, was der Text mißt (Boring 1950) noch als die unverfänglichste.

Festzustehen scheint jedenfalls, daß solche Tests im allgemeinen ein Verhalten quantifizieren, das unter bestimmten gesellschaftlichen Bedingungen speziell akzeptiert ist und für das die entsprechende Motivation in bestimmten sozialen Gruppen von Anfang an besonders belohnt wird. Schon die Wahl der Außenkriterien für Validitätsbestimmungen bei der Konstruktion von Intelligenztests bestätigt dies: sie sind im wesentlichen die Dauer der Schulzeit, Schulnoten, Lehrerurteile und spätere Berufserfolge, begünstigen also deutlich bestimmte soziale Schichten. Wenn ein gezieltes Sprachtraining den Anstieg des Ergebnisses in einer Intelligenzmessung zur Folge hat, so sollte daher der methodenkritische Schluß nicht unterbleiben, daß dieser Test vermutlich eben genau eine solche Durchsetzungs- und Anpassungsleistung ausweist, die sich in bestimmter Weise verbal in normgerechter Sprache artikulieren kann, und daß es eine mehr oder weniger willkürliche Setzung ist, wenn man dies mit ›Intelligenz‹ bezeichnet.

Es ist ganz folgerichtig, daß sich aus der Kenntnis solcher Zusammenhänge eine politisch begründete Reserve gegen bestimmte Sprachschulungsprogramme für Schule und Vorschule formieren kann – ungeachtet der Tatsache, daß solche Programme in der Regel als ihre Motivation eine sozial progressive, nämlich die Erreichung von Chancengleichheit, für die Teilnahme an den bestehenden Bildungsinstitutionen angeben. Einschlägige Analysen (z. B. in ›Sprachbarrieren‹. Beiträge zum Thema Sprache und Schichten.[3] 1970) laufen entsprechend darauf hinaus, daß mit solchen Programmen mehr oder weniger deutlich eine Art von Bildungsimperialismus herrschender Interessen betrieben werde, daß die Emanzipation der Schüler neben dem erklärten keineswegs auch das immer tatsächlich intendierte Ziel sei. Vielmehr werde im allgemeinen eine möglichst ungebrochene Internalisierung von Normen, also letztlich Unselbständigkeit eingeübt, wobei die Sprache die Rolle der Vermittlung von geltenden Wertungs- und Einstellungsschemata übernehme.

Es gilt zunächst also festzuhalten, daß Veränderungen von Verhaltensformen und ihr möglicher Niederschlag in eingeführten Leistungstests im Zusammenhang mit der Problematik dieser Testinstrumente diskutiert werden müssen und nicht ohne weiteres im Sinne eines Automatismus von Sprechfähigkeit und daraus folgender *kognitiver* Leistungsfähigkeit interpretiert werden können.

Sowohl die optimistischen pädagogischen Impulse wie auch die

Kritik an ihnen gehen aber stillschweigend von der Voraussetzung eines solchen Automatismus aus: davon, daß über die Sprache kognitives Verhalten reguliert werden könne. Wie im vorigen Abschnitt aus entwicklungspsychologischen Arbeiten belegt wurde, sind kognitive und sprachliche Entwicklung jedoch keineswegs identisch. Vielmehr werden bereits im Rahmen von vorsprachlichem Verhaltensinventar grundlegende Strukturierungs- und Erkenntnisformen ausgebildet. Allerdings erhalten solche Verhaltenstendenzen mit dem Beginn der Teilhabe am sozial verbindlichen Zeichensystem Sprache ein völlig neues Feld der Artikulation, nämlich die Möglichkeit, über die Begrenzung konkreter privater Erfahrung hinauszugelangen. Erinnern wir uns an die Ausführungen von Luria und Wygotsky, die hier exemplarisch angedeutet wurden, so ist völlig unverkennbar, daß verbale Vermittlung durch die Umwelt tatsächlich unvergleichliche Möglichkeiten besitzt, die unmittelbare persönliche Erfahrungsbreite des einzelnen zu interpretieren und zu erweitern und damit dessen Verhaltensstile maßgeblich zu beeinflussen.

Sprachliche Vermittlung könnte also durchaus in zielgerichteter Interpretation und Anreicherung begrenzter Erfahrung, also in der Einübung von *normgerechten Oberflächenverhalten* bestehen. Wenn sie aber mehr als dies sein soll, wenn sie statt dessen Mittel zur Verfügung stellen soll, mit denen Informationen *adäquat verarbeitet* werden können – so wird sie im Rückbezug auf die schon vorsprachlich ausgebildeten Strategien kognitiven Verhaltens anzulegen sein. Sie wird darin bestehen, situationsgerechte Reaktionsformen herauszufordern, in denen konkurrierende kognitive Tendenzen adäquat sprachlich umgesetzt sind.

Greifen wir wiederum die Begrifflichkeit der Sprache zur Explikation heraus: Die Formierung und der Umgang mit Begriffen involvieren stets eine Generalisierungsleistung, eine Leistung, die gelernte Reaktionen auf verbale und nichtverbale Stimulation verfügbar macht für neue und veränderte Vorkommnisse solcher Stimulation. Systematische verbale Vermittlung, wie sie in Bildungsinstitutionen vom Kindergarten an, gleichgültig in welchem Sachgebiet, geschieht, muß diese fundamentale begriffliche Leistung unterstützen. Sie muß aber zu gleichen Teilen auch die *konkurrierenden Strategien* fördern – belehrt aus entwicklungspsychologischen Beobachtungen darüber, daß in bestimmten Situationen, und möglicherweise in bestimmten Altersgruppen mehr als in anderen, eine Tendenz zur Überbetonung der ersten begriffs-generalisierenden Leistung und damit zu nicht mehr adäquater Reaktion besteht (vgl. S. 77 f.). Es wird also gleichermaßen für die Relativierung fixierter Begriffe und für die Verunsicherung subjektiver Generalisierungsgewohnheiten zu sorgen sein, es wird die prinzipielle Instabilität der Begriffswelt einzuführen sein.

Damit kann der Anstoß zu kreativem Begriffsgebrauch geliefert werden, auch der Anstoß zur Kritik gegenüber konventionellen Festschreibungen und Diktaten willkürlich geformter Konnotationen. Unter solchen Auspizien ist Sprach- und Begriffsschulung davor gefeit, bloße Einübung von normgerechtem Oberflächenverhalten zu bleiben. Didaktisches Medium zur Anregung von kreativem Begriffsgebrauch ist auf allen Altersstufen die Motivationsanalyse von Begriffen, und zwar sowohl von vorliegenden anerkannten begrifflichen Schablonen wie auch von eigenen erfahrungsgesteuerten Umgangsformen mit ihnen. Hierher gehört die Analyse von tabuisierten Begriffen, von Verschleierungen von Sachverhalten durch Einführen von Ersatzvokabular, vom Ummünzen bestehender Begriffe durch Aufladen mit neuen Konnotationen, von der besonderen Akzentuierung von Begriffen durch ihren syntaktischen Einsatz und dergleichen mehr.

Solche Mechanismen sind sämtlich lernpsychologisch beschreibbar. Bisher hat die Psychologie in der Behandlung der Begriffsbildung sich allerdings gern auf nicht verbales Material zur Exemplifizierung zurückgezogen und damit das Problem in den Raum von Wertfreiheit und scheinbarer Objektivität gerückt, anstatt seine sozial-kulturell bedingte Prozeßhaftigkeit durchsichtig zu machen. Ähnlich hat sich die Linguistik in bisherigen semantischen Analysen oft auf solche Aspekte beschränkt, über die Einmütigkeit besteht, und den Gesichtspunkt der Instabilität und Steuerbarkeit von inhaltlichen Prägungen vernachlässigt (vgl. S. 36). Der eben skizzierte Fragenkomplex verlangt fraglos nach Kooperation, nach einer Kooperation allerdings, deren methodische Vorbedingungen zunächst selbst problematisiert werden müssen – er deutet also auf ein veritables Arbeitsfeld der Psycholinguistik.

Begriffsbenutzung realisiert sich natürlich in verbundener Sprache; mit der syntaktischen Funktion, die Begriffe in zusammenhängender Rede erfüllen, wird ihr aktueller Einsatz wesentlich mitbestimmt.

Wenn im bisherigen Verlauf unserer Diskussion so vielfach von der Begrifflichkeit der Sprache bzw. von dem kognitiven

Handeln mit ihr die Rede gewesen ist, so ist damit implizit stets auch ein Argument gegen die formale Trennung von Syntax und Semantik in der Forschungspraxis intendiert. Für die Spracherziehung folgt daraus, daß ein isolierter muttersprachlicher Grammatikunterricht, der in der Schule vor allem den Deutschunterricht von formal-syntaktischer Unterweisung entlasten soll, mit einigen Vorbehalten zu beurteilen ist. Zumindest scheint es wünschenswert, daß vorliegende Pläne in dieser Richtung (z. B. in ›Lernziele der Gesamtschule‹. Gutachten und Studien des Bildungsrats 12. ²1971) gründlich unter Beteiligung aller betroffenen Disziplinen noch weiter ausdifferenziert werden.

Da hingegen im Zusammenhang mit der Erlernung von Fremdsprachen die formale Vermittlung der syntaktischen Formen von Aussagemöglichkeiten auch auf das Verständnis der eigenen Sprache günstig zurückwirkt, beginnt sich die Forderung nach kontrastivem Sprachunterricht immer mehr durchzusetzen. Sie läßt sich auch mit lernpsychologischer Begründung abstützen. Es ist bekannt, daß eine fremde Sprache zunächst durch die Brille der eigenen Sprache gelernt wird. Besonders deutlich läßt dies sich beim Erwerb der Phonologie beobachten: Die Aneignung des eigenen phonologischen Systems in der Kindheit ist ein Diskriminationslernen (vgl. S. 8). Phonologische Systeme von fremden Sprachen lassen sich nur annehmen, wenn solche alltäglich geübten Diskriminationen partiell regelrecht verlernt werden und wenn neue Diskriminierungsfähigkeiten ausgebildet werden, die diesen fremden Sprachen entsprechen. Die didaktische Konseqenz ist, daß fremdsprachliches Lernen über die Bewußtmachung der Differenzen beider Systeme zu geschehen hat.

Daß kontrastive Linguistik, der neue wichtige Zweig angewandter Sprachwissenschaft, der sich speziell mit Sprachdidaktik befaßt,[15] bisher vorwiegend mit der Phonologie beschäftigt war, hat seinen naheliegenden Grund: die notwendige Voraussetzung für kontrastive Arbeit ist eine für die behandelten Sprachen gemeinsam brauchbare Beschreibungsgrundlage, und taxonomische Methoden zur phonologischen Beschreibung sind längst universell verwendbar. Für syntaktische Probleme wird kontrastive Arbeit im Grunde erstmals mit der generativen Transformationsgrammatik möglich, die ja von Einzelsprachen unabhängige Formalismen zu liefern trachtet. Kontrastive Syntax ist daher gegenwärtig ein äußerst vielversprechendes Arbeitsfeld, wiederum eines, das von linguistischer Seite allein kaum ganz auszuschöpfen ist: Kontrastive Grammatiken definieren sich als Summen von Differenzen und Inkongruenzen zwischen zwei Grammatiken, die auch auf entsprechende Lernschwierigkeiten hinweisen müssen. Es erscheint zweckmäßig, bei der Erarbeitung von kontrastiven Grammatiken die Tatsache auszunutzen, daß sich die lernpsychologische Begründung der Abstufung von Schwierigkeiten beim Sprachenlernen und die Hypostasierung solcher Lernschwierigkeiten aus dem formalen Systemvergleich gegenseitig fördern können.

Kontrastive Methodik wird sich im übrigen in Zukunft vermutlich auch als brauchbar für die Analyse von gruppen- und schichteigenen Sondersprachen und für den Vergleich von schriftlicher und mündlicher Rede erweisen können. Die Arbeit, die bisher zu der Frage der Schichtspezifität von Sprachverhalten vorliegt,[16] ist beachtlich, jedoch ganz gewiß offen für methodische Verbesserungen.

Bisher dienen zur Kennzeichnung von schichtspezifischen Codes im wesentlichen eine Ansammlung von linguistischen (oder besser: meist alltagsprachlichen) Merkmalen sowie im Hinblick auf Schichtzugehörigkeit eine Reihe der üblichen soziologischen Hintergrunddaten. Die Korrelationen von beiden haben ähnliche Interpretationsfußangeln, wie wir sie im Bereich der Intelligenzmessung vorgefunden hatten. Es fehlt bisher der Bezug zur jeweiligen Aussageintention, zur spezifischen Redesituation. Gerade zu situationsgerechter verbaler Reaktion müssen aber – wie wir gesehen hatten – die verschiedenen ausgleichenden Verhaltenstendenzen verfügbar sein: und es geht nicht an, daß die eine rundweg einem Code (bei Bernstein die divergierende, die schwer voraussagbare, dem ›elaborierten‹ Code) zugeordnet wird. Da kontrastive Arbeit quasi experimentell, unter Konstanthaltung bestimmter Variablen und mit Bezogenheit auf Außenkriterien vor sich gehen muß, die sinnvollerweise hier aus der Situationspragmatik herauszuholen wären, könnte unter Umständen mit einer stärkeren Betonung solcher Methodik das bisher nie vermiedene Dilemma umgangen werden: daß nämlich ein sozial hoch bewerteter Code beschrieben wird und übriges Sprachverhalten sich im wesentlichen in negativer Definition davon abgrenzt.

Es mag auffallen, daß wir mit unserem Bericht über psycho-linguistische Aktivitäten der letzten zwei Jahrzehnte und mit der Diskussion einiger daraus hergeleiteter Probleme fast bis zum Ende gelangen konnten, ohne uns bisher explizit und in gebührender Ausführlichkeit mit dem unbestreitbar wichtigsten Aspekt von Sprache beschäftigt zu haben, nämlich: daß Sprache der Interaktion unter Menschen dient, daß sie gemeinschafts-bildend ist, und Gemeinschaft auf sie angewiesen ist, daß die grundlegende Form von Sprachvorkommen der Dialog ist.

Diese Besonderheit der Disposition ist jedoch durchaus nicht zufällig. Psycholinguistik hat sich ungeachtet ihres im höchsten Grade ›sozialen‹ Gegenstandes [17] gerade aus der Verquickung von vorwiegend individualpsychologischen Fragen mit einem Angebot von seiten der Linguistik formiert, das für diese Fragen sehr suggestiv war, aber nichtsdestoweniger ausschließ-lich in einer formalen Systemlinguistik bestand. Innerhalb dieser Kooperation entwickelte sich allmählich ein steigendes Interesse an der Verknüpfung von anstehenden Problemen mit Fragen der Bedeutung, nachdem zuvor insbesondere der Bereich der Syntax selbständig verhandelt worden war. Zu dem nunmehr zwischen den Disziplinen zentralen Thema der Semantik kommt erst jetzt die wachsende Tendenz der Linguistik, ihre Analyse auf zusammenhängende geäußerte Sprache, auf Texte, gar auf Texte mit wechselnden Sprechern auszudehnen.[18] Sie fordert nun ihrerseits die Psychologie mehr in ihrer Rolle als Sozial-psychologie.

Solche Anzeichen mögen darauf hindeuten, daß Psycholinguistik künftig ihr Hauptarbeitsfeld in den Rahmen einer sich gegen-wärtig etablierenden Kommunikationsforschung verlagern wird. Diese Perspektive soll hier lediglich noch angedeutet werden. Wir wollen dazu nur wenige Gesichtspunkte aus diesem aktuell höchst diskutierten Forschungsbereich der Kommunikation her-ausgreifen, bei denen es sich ohne allzu breite Erläuterung ver-stehen kann, daß künftige Psycholinguistik sich unmittelbar in die Diskussion einschalten muß.

Einer dieser Gesichtspunkte ist die Zweiheit von Sprecher und Hörer, die in einer auf Pragmatik ausgerichteten Kommuni-kationsforschung zwar im Hinblick auf gegenseitige Ver-haltenssteuerung ganz generell veranschlagt, aber doch im einzelnen immer wieder anders problematisiert wird.

Wir hatten das Thema der verbalen Verhaltenssteuerung bei

dem behavioristischen Bedeutungskonzept von Bloomfield und Ogden/Richards und im Zusammenhang mit Skinner kurz angesprochen (vgl. S. 30, 79). Unter dem erklärten Verzicht auf die Beschäftigung mit nicht beobachtbaren psychischen Prozessen hatte man dort aus registrierbaren Verhaltensweisen Indikatoren für fixe Relationen von Stimulation und Verhalten konstruiert. Ähnlich stellt sich das Thema auch bei Karl Bühler (1927; 1934) dar, auf den die Kommunikationsforschung in diesem Zusammenhang stets verweist (Ungeheuer 1956; Wunderlich 1969). Bühler hat zwar besonders deutlich auf die gemeinschaftsbildende Funktion von Sprache und die »unentbehrliche Zweiheit von Zeichengeber und Zeichenempfänger« (1927, 42) hingewiesen, von den sprachlichen Funktionen seines *Organon-Modells* (Ausdruck, Appell, Darstellung) war jedoch für ihn die letzte von zentralem Interesse: die Möglichkeit der *Darstellung*, die menschliche Kommunikation vor tierischer auszeichnet. Über das im Modell mit Selbstverständlichkeit etablierte Rollenverhalten von Sprecher und Hörer hinaus werden bei Bühler selbst keine Annahmen über bedeutungsrelevante Bewußtseinsvorgänge bei der Kommunikation gemacht. Seine Stellungnahme auf die selbst formulierte Frage »Sind wir nun ... verpflichtet, diese Zweiheit erst irgendwie abzuleiten? Aus dem Ich ein Nichtich und das Du?« (1927, 42) ist, was sein eigenes Vorhaben anbelangt, deutlich ablehnend.

Ähnlich wie von den amerikanischen Behavioristen und von Karl Bühler wurde auch von frühen informationstheoretischen Modellen der Kommunikation[19] internes Geschehen der Kommunikationspartner nicht weiter ausgeführt. Zwischen Sender und Empfänger wurde global ein *Transport* von Mitteilungen angenommen, durch den Inhalte schlicht von einem Teilnehmer zum anderen transferiert werden.

Neuere, ebenfalls auf der Informationswissenschaft basierende Modelle (Ungeheuer 1968) sind hingegen zu einer Unterscheidung von Trägerinformation und semantischer Information gelangt. In solchen Modellen wird nur von der materialen Trägerinformation (Lauten, Schriftzeichen) ausgesagt, daß sie im Verlauf der Kommunikation den Standort wechsle. Die Übermittlung semantischer Information geschieht dagegen auf Grund von sich entsprechenden Codierungsoperationen in Sender und Empfänger, durch die im Idealfall eine isomorphe Verschlüsselung und Entschlüsselung in und von Trägerinformation besorgt wird. Solche differenzierten Modelle setzen nun freilich eine grundlegende Verhaltenstheorie voraus, die für die Prozesse des Encodierens und Decodierens adäquate Erklärungen bereitstellen könnte. Eine solche Theorie gilt es jedoch – auch unter Mitwirkung der Psycholinguistik – noch zu entwickeln, entsprechend bieten diese Modelle gegenwärtig noch nicht sehr viel mehr als handliche Schematisierungsvorlagen.

Auch zu dem Themenkomplex der internen Prozesse von Kommunikationspartnern kann aktuelle Kommunikationsforschung allerdings durchaus auf eine Reihe ihrer Vorläufer verweisen,[20] vor allem auf den Sozialpsychologen unter den amerikanischen Pragmatisten, George H. Mead (dt. 1968; 1969). Meads Theorie des Sozialverhaltens basiert auf der These, daß Kommunikation nur funktionieren kann, wenn die Partner in der Lage sind, sich ineinander hineinzuversetzen. Damit beide Kommunikationspartner mit Geschehensabläufen und Verhaltensweisen den gleichen Bedeutungszusammenhang verbinden können, muß demnach der Sender gelernt haben, die Reaktionen des Empfängers vorwegzunehmen, ebenso wie der Empfänger das zu antizipieren gelernt haben muß, was der Sender mit seiner Mitteilung meint. Indem sich so die Kommunikationspartner Intentionen und Reaktionen ihres Gegenübers praktisch zu eigen machen müssen, wird Kommunikation zum Problem von wechselseitiger Rollenübernahme in der sozialen Interaktion. Damit entfällt der Zwang, verläßliche Stimulus-Reaktionsbeziehungen zwischen zwei isolierten Systemen aufzeichnen zu müssen, die ja auch in der neueren Lernpsychologie – wie wir angedeutet hatten – mehr und mehr durch differenziertere Operationsmodelle überholt werden.

Ein weiterer Gesichtspunkt, der sich an die Frage des ›Meinens‹ mit einer Äußerung und des ›Verstehens‹ von Mitteilungen, also an die Frage differenzierter Sprecher-Hörer-Beziehungen anschließt, betrifft die Eingliederung von verbalem Verhalten in den Gesamtkontext von kommunikativem Handeln. Wie in diesem Gesamtzusammenhang sprachliche Äußerung durch außersprachliche oder paralinguistische Handlungen ergänzt wird, wie die verschiedenen Komponenten kommunikativen Verhaltens aufeinander angewiesen sind, wie jede Äußerung mit spezifischen Verstehensanweisungen an den Hörer ausgestattet wird, diese Fragen haben sich zu einem Hauptthema der einschlägigen Forschung herausgebildet. Wichtige Information zu diesem Komplex wird insbesondere aus der Untersuchung von gestörter Kommunikation und ganz speziell aus der Schizophrenieforschung bezogen (Ruesch/Bateson 1951; Watzlawick/Beavic/Jackson 1967; Schizophrenie und Familie 1969).

Einige Hauptthesen, die aus dieser Arbeit gewonnen worden sind, lassen sich summarisch wiedergeben: Jede Kommunikation leistet etwas zur Definition der Beziehungen zwischen Partnern. Sie geschieht prinzipiell auf mehr als einer Ebene: explizite Äußerung wird interpretiert durch begleitendes Verhalten. Die Valenzen der kommunikativen Ebenen können sich entsprechen und damit die Beziehungen zwischen den betroffenen Personen eindeutiger definieren, sie können sich aber auch gegenseitig entwerten oder sich widersprechen. Eine Mitteilung auf einer Ebene kann auf der anderen also (verbal oder nicht verbal) wieder zurückgenommen werden: z. B. dadurch, daß gleichzeitig die Identität des Senders geleugnet wird (wenn er beispielsweise angibt, er spreche nur im Auftrag anderer, oder wenn er sich als eine andere Person ausgibt), oder wenn der Gegenstand der Äußerung verleugnet wird (z. B. durch Hinzufügen, das Gesagte sei ja nicht so wichtig, es gehe ja im Grunde um ganz etwas anderes) oder wenn der Empfänger verleugnet wird (z. B. indem der Sprecher tut, als meine er sich selber).

Aus derartigen Konstruktionen von nichtkongruenten Verhaltenspartikeln lassen sich erstaunlich schlüssig die traditionellen schizophrenen Symptome ableiten. Insgesamt erscheint es in der Darstellung von Bateson u. a. (Schizophrenie und Familie 1969) durchaus einleuchtend, wenn die Schizophrenie als systematische Kommunikationsstörung beschrieben wird und schizophrene Spaltung auf ein Auseinanderklaffen zwischen Mitteilung und Interpretation zurückgeführt wird, die von dem Patienten weder in seiner Sender- noch in seiner Empfängerfunktion überbrückt werden kann.

In diesem Sinne wird die Genese schizophrener Verhaltensstörung auch hergeleitet aus der permanenten Konfrontation mit zweideutigen kommunikativen Aufforderungswerten, wobei die Möglichkeit ausgeschaltet ist, die normalerweise in solcher Situation zur Verfügung steht: das ›aus dem Felde Gehen‹, d. h. der Rückzug aus der Kommunikationssituation, die Rückfrage, wie denn dies oder jenes zu verstehen sei, und damit die Transponierung des Problems auf eine metasprachliche Ebene.

Der paradigmatische Fall für eine solche krankheitsstiftende Situation wird so charakterisiert: ein Kind ist in seinen emotionalen Beziehungen auf eine Pflegeperson konzentriert und auf deren Zuwendung angewiesen, es bestehen keine kompensatorischen Möglichkeiten durch andere Beziehungspersonen. Ein Kind mit solchen einseitigen Sozialbeziehungen sieht sich in einer bestimmten Konstellation ständig doppelbödigen Aufforderungen gegenüber (es befindet sich in sog. *double bind situations*), dann nämlich, wenn diese zentrale Pflegeperson innere Widerstände dagegen hat, in enge Beziehung mit dem Kind zu treten, dies aber zugleich selbst nicht akzeptiert: sie wird unbewußt feindselig auf die Annäherungen des Kindes reagieren, aber liebevolles Verhalten simulieren.

Der generalisierbare Wert der Analyse solcher verzerrter Kommunikationssituationen, in denen die mangelnde Kongruenz der verschiedenen Kommunikationsebenen beschrieben und begründet werden kann, liegt wie so oft darin, daß Einsicht in pathologisches Geschehen gerade dank der Deutlichkeit der Symptomatologie auch zum besseren Verständnis von Funktionsweisen im ›normalen‹ Bereich führen kann.

Beide Gesichtspunkte, die hier erwähnt wurden: die Problematisierung und Differenzierung des Sprecher-Hörer-Rollenverhältnisses sowie die Interaktion von verbaler und nicht verbaler Kommunikation sind in dem derzeit besonders beachteten Konzept von John Searle (1970) ausführlich berücksichtigt, auf das hier nur noch hingewiesen werden soll: *Speech acts* nennt Searle die Kommunikationseinheiten, in denen jeder Partner dem anderen auf der Grundlage der Beherrschung von gemeinsamen kommunikativen Regeln seine Intentionen nachvollziehbar macht. In jedem Sprechakt sind drei Komponenten analysierbar: *Locution* (das registrierbare Verhalten selbst), *Proposition* (der Inhalt der Mitteilung) und *Illocution* (der rhetorisch intentionale Modus der Äußerung). Die dominante Funktion kommt der Illocution zu, denn keine Proposition kann ohne spezifische kommunikative Intention geäußert werden. Propositionen wiederum, die also im Dienste der Illocution stehen, enthalten Referenten und Hinweise auf sie in Form von deiktischen Partikeln (vgl. Wunderlich 1970) und eine dem Referenten zeitweilig zugeordnete Prädikation.

Es läßt sich von hier aus die Verbindung herstellen zu einer bekannten lerntheoretischen Begründung eines Satzbauprinzips und damit ein Beispiel dafür andeuten, wie sich prozessuale Erklärungsweise zur Unterstützung des formalen Modells unmittelbar heranziehen läßt – wie also psycholinguistische Methodenvermittlung in diesem Bereich stattfinden kann: Mowrers (1954) Konditionierungstheorie des Satzes ist darauf gegründet, daß Subjekt und Prädikat in der Satzverknüpfung eine zeitweilige Verbindung eingehen, in der vom Prädikat als ›natürlichem‹ Stimulus Bedeutung auf das Subjekt als konditioniertem Reiz übertragen wird. Allerdings geschieht dies nicht nach dem klassischen Prinzip der Funktionsersetzung; damit wären im weiteren Diskurs Subjekt und Prädikat ja austauschbar. Die Konditionierung geschieht nicht mit dem Subjekt selbst, sondern vielmehr mit der einen oder anderen vermittelten Assoziation (vgl. S. 33), die gerade situationsrelevant ist.

Wir wollen zum Schluß das neue Reizwort der *kommunikativen Kompetenz* aufgreifen und speziell auf ein Detail aus dem Beitrag von Jürgen Habermas eingehen, weil er uns Gelegenheit gibt, unseren Bericht anders als mit einem breiten Fazit zu beenden, das zu diesem Zeitpunkt und beim augenblicklichen Diskussionsstand unserer Disziplin ohnehin kaum angebracht sein dürfte: Habermas weist nämlich in seinem Beitrag der Psycholinguistik im Rahmen einer Kommunikationsforschung bereits einen festen Platz zu, eine Zuschreibung, mit der man sich auseinandersetzen kann.

Aus unseren Bemerkungen zur generativen Sprachkompetenz läßt sich ersehen, daß neuerliche Verwendungen des Terminus ›Kompetenz‹ im Zusammenhang mit der Sprache es nicht ganz leicht haben dürften, bestimmte Konnotationen zu umgehen, und daß sie deshalb genötigt sein werden, ihre genauen Abgrenzungen zum eingeführten Begriff vorzunehmen. Zur ›kommunikativen Kompetenz‹ gibt es bereits drei ausgeführte Entwürfe:

Wohl am engsten im Anschluß an Chomskys Konzept entwickelt ist der Begriff der kommunikativen Kompetenz bei Wunderlich. Er verficht allerdings die Forderung, dieses Konzept dahin zu erweitern, daß auch die pragmatische Komponente der Kompetenz eingeschlossen wird. Seine Begründung ist höchst plausibel: »Es wäre sinnlos, eine abstrakte Fähigkeit zur Bildung sprachlicher Äußerungen herauszubilden, wenn nicht gleichzeitig die Fähigkeit ausgebildet würde, mit Hilfe dieser Äußerungen in Kommunikation zu treten« (1970, 13). Darüber hinaus erhält das Wort Pragmatik bei Wunderlich einen interessanten zweiten Sinn: neben den Beziehungen von sprachlichen Konstruktions- und Ausdrucksmitteln zu den Prozessen der Kommunikation ist auch ein wissenschaftspolitischer Aspekt angesprochen. Als die ›pragmatische Komponente linguistischer Forschungsmethoden‹ proklamiert Wunderlich die zu fordernde Verpflichtung der Linguisten, mögliche Folgerungen und Anwendungsbereiche zu durchdenken (1970, 9).

Indessen stellt sich Wunderlichs Position zunächst vor allem als ein Programm dar. Eine prinzipielle Frage wird dabei bleiben, ob es gelingen kann, mit Erweiterungen eines an sich schon etablierten Vorverständnisses der Kompetenz die Mängel dieses Konzepts zu kompensieren. Daß diese Frage nicht ganz unerheblich ist, bezeugen andeutungsweise solche in Klammern stehenden und schwerlich wirklich eingearbeiteten Bemerkungen wie diese, daß sprachliche Konstruktionsverfahren sich »erst in vielen Interaktionsakten des Kindes auf Grund von generalisierenden Prozessen und gewissen (wahrscheinlich im wesentlichen angeborenen) Bewertungsprinzipien herausbilden« (1970, 13).

Auch bei Dell Hymes (in Vorb. 1972) findet sich der Begriff der kommunikativen Kompetenz, allerdings in anderer Verwendung (vgl. Fowler 1970): Bei Hymes ist kommunikative Kompetenz ein graduierbares Maß für die Beherrschung verschiedener verbaler Codes in einer Sprachgemeinschaft. Mit grammatischem Konstruktionsvermögen hat die so verstandene kommunikative Kompetenz nur indirekt zu tun: Eine perfekte Beherrschung der Grammatik garantiert nicht ohne weiteres eine vielfältige Verfügung über Ausdrucksmöglichkeiten und sprachliche Register der Rhetorik. Allerdings kann extralinguistischer Einfluß, etwa die Umgebung der Sozialisation, beides gleichermaßen fördern oder hemmen. Auch dieses Konzept von kommunikativer Kompetenz wird im weiteren mit Aufmerksamkeit zu verfolgen sein, insbesondere in der Erwartung auf fundiertere detaillierte Beschreibungsmöglichkeiten für sprachliche Codes.

Habermas spricht mit ›kommunikativer Kompetenz‹ zwar nicht wie Dell Hymes einen gegenüber Chomskys Kompetenz ganz andersartigen Gegenstand an, jedoch hebt er sich von dem generativen Konzept auf andere Weise ab, als Wunderlich es tut: Was er mit kommunikativer Kompetenz beschreibt, kann der linguistischen Kompetenz nicht neben-, sondern allenfalls vorgeordnet werden. Nicht die Verfügung über grammatische Kategorien als Voraussetzung für den Umgang mit Sprache, auch nicht die extralinguistischen einschränkenden Bedingungen faktischer sprachlicher Äußerung, sondern ein dritter Bereich ist hier gemeint: die »allgemeinen Strukturen möglicher Redesituationen«, die der »pragmatischen Situierung von Sätzen dienen« (1971, 101) – die generellen Bedingungen, unter denen aus Sätzen Äußerungen werden können.

Solche allgemeinen Bedingungen haben nach Habermas den Charakter von pragmatischen Universalien, sie unterscheiden sich prinzipiell von den variablen außersprachlichen Elementen, die den konkreten Kontext von Äußerungen ausmachen. Solche variablen Elemente sollen Forschungsgegenstand einer empirischen Pragmatik, einer verhaltenswissenschaftlichen Kommunikationstheorie sein. Demgegenüber sind die invariablen universellen Bestandteile von Sprechen, mit denen Sätze in Klassen sprachlicher Äußerungen transformiert werden, Gegenstand der Universalpragmatik. Ihr Ziel ist die Erstellung einer Theorie der kommunikativen Kompetenz, die »die Nachkonstruktion des Regelsystems, nach dem wir Situationen möglicher Rede überhaupt hervorbringen oder generieren« (1971, 102), leisten muß.

In Übereinstimmung mit Searle erkennt Habermas zwei Anteile von performatorischen Äußerungen: den linguistischen (Searle's Locution) und den institutionellen (Searle's Illocution), der dessen pragmatischen Verwendungssinn festlegt und den Modus der Kommunikation zwischen Sprechern bestimmt. Habermas nennt den letzten Anteil den *dominierenden Satz*, den ersten den *abhängigen Satz*. Beide repräsentieren verschiedene Ebenen der Kommunikation: der dominierende die Ebene der Intersubjektivität, der abhängige die Ebene der Gegenstände, über die intersubjektiv verhandelt wird.

Zur Ortsbestimmung von ›kommunikativer Kompetenz‹ und der wissenschaftlichen Beschäftigung mit ihr entwickelt Habermas schrittweise drei nachgeordnete Abstraktionen: Von der *konkreten Äußerung*, die von variablen situativen Randbedingungen wie dem Rollenkontext der Sprecher oder persönlichkeitseigenen Merkmalen mit bestimmt sind, gelangt man durch Abstraktion dieser Variablen zu *elementaren Äußerungen*. Wenn in einem zweiten Schritt vom faktischen Vollzug der Kommunikation selbst abstrahiert wird, werden *elementare Sätze*, linguistische Einheiten der Rede, gewonnen. In einem dritten Analyseschritt gilt es, von linguistischen Einheiten jene sprachabhängigen Komponenten abzuziehen, die den pragmatischen Verwendungsmodus des Satzes bestimmen, um zu *elementaren Aussagen* zu gelangen.

Elementare Aussagen sind das Forschungsfeld der Logik; elementare Sätze das der Linguistik. Mit den Charakteristika elementarer Äußerungen ist die Universalpragmatik betraut; die konkreten Äußerungen sind Arbeitsfeld der empirischen Pragmatik.

Dieser letzte Komplex soll arbeitsteilig von Psycholinguistik und Soziolinguistik besorgt werden, und zwar fällt der Psycholinguistik die Aufgabe zu: »die systematische Variation der allgemeinen Strukturen von Sprechsituationen in Abhängigkeit von

Variablen der Persönlichkeitsstrukturen« zu erklären. Die Soziolinguistik hat »die systematische Variation der allgemeinen Strukturen von Sprechsituationen in Abhängigkeit von Rollenstrukturen« zu erklären (1971, 108).

Die Explikation und Klassifikation von Sprechakten und die Herleitung der Prinzipien solcher Klassifikation, ebenso wie der Entwurf von idealer Sprechsituation mit der symmetrischen Verteilung der Chancen, Dialogrollen wahrzunehmen, die Habermas im weiteren Verlauf seines Aufsatzes ausführt, sind ohne Zweifel stimulierend. Es bleibt hier aber nur der Raum, anzumerken, daß wir mit der Verteilung der Rollen an die Disziplinen – ein für Habermas sicher letztlich peripheres Problem – nicht gänzlich zufrieden sind.

Zur vorgeschlagenen Arbeitsteilung von Psycholinguistik und Soziolinguistik muß angemerkt werden, daß eine Trennung der Forschungsbereiche, die sich so vordergründig ausnimmt, gewiß nicht zu akzeptieren ist. Hier wird zugleich mit der Arbeitsteilung der Disziplinen die ›Persönlichkeit‹ von ihrer sozialen Umwelt isoliert.

Das globale Argument dagegen läßt sich im Rückgriff auf einige unserer früheren Überlegungen zusammenfassen: es muß Stellung bezogen werden *gegen* eine allzu individualisierende Festlegung von Sprachvermögen. Das einseitig an der mitgebrachten Ausrüstung orientierte Interesse an der Sprachfähigkeit ist es ja, das in der Sprachanthropologie der generativen Grammatik konsequent zum biologischen Determinismus führte. Hingegen muß *für* die Eingliederung des Problems der Sprachentwicklung und des Sprachverhaltens in den generellen Kontext der Sozialisation plädiert werden. Es muß also ein Verständnis gerade für die *Einheit* von sprachlichem und übrigem kognitiven Verhalten gefordert werden. ›Abhängigkeiten von Persönlichkeitsstrukturen‹ und ›Abhängigkeiten von Rollenstrukturen‹ kann es damit so gesondert gar nicht geben. Beide können nur ineinandergreifend einen gemeinsamen Forschungsbereich bilden, der dann – wenn diese Interdepedenz auch für die Wissenschaftsstrategie prinzipiell akzeptiert ist – allerdings Arbeitsschwerpunkte zulassen mag.

Zu dem besonderen Ausschnitt nun, den Habermas für beide, die Psycho- und die Soziolinguistik, innerhalb einer universellen und pragmatischen Kommunikationsforschung reserviert, läßt sich mit einer Motivation für interdisziplinäre Arbeit überhaupt – und damit auch für unser Vorhaben – entgegnen: Man wird die Beschränkung auf die Analyse der ›variablen Bedingungen von Sprechsituationen‹ nicht ohne weiteres hinnehmen können, wenn davon ein Bereich invariabler Determinanten ausgespart bleibt, der von empirischem Zugriff nicht angetastet werden darf. Universalienkataloge mögen das erstrebenswerte und berechtigte Ziel von Wissenschaften sein. Der Sinn von disziplinübergreifender Arbeit ist jedoch nur dann eingelöst, wenn solche Kataloge den Arbeitsweisen anderer Wissenschaften zur Hinterfragung angeboten werden.

Anmerkungen

Vorbemerkung

1 Vgl. z. B.: Rubenstein/Aborn 1960; Osgood 1963 b; Ervin-Tripp/Slobin 1966; Rommetveit 1968 a; Miller/McNeill 1969, Deese 1970; Fillenbaum 1971.
2 Eine Orientierung liefern z. B. Klein/Wunderlich 1971; Dittmar 1971.

Einleitung

1 Vgl.: A. R. Diebold 1965, 205 in seinem Überblicksreferat über ein Jahrzehnt psycholinguistischer Forschung.
Im weiteren Text sind Zitate nur dann deutsch wiedergegeben, wenn eine autorisierte Übersetzung des entsprechenden Texts vorliegt.

Teil I
Vom Konzipieren sprachlicher Einheiten

1 Ein begrifflicher Gegensatz, den W. Hartung und H. Vater in ihrem Beitrag zum Symposion ›Zeichen und System der Sprache‹ benutzen, um damit ihre Stellungnahme zu der Frage: Wie läßt sich gegebene Redefolge in Einzelelemente analysieren? zu begründen. (Zeichen und System der Sprache, I [1960] 69–73.)
2 Vgl. zu diesem Problem auch einschlägige Warnungen, z. B. von Gauger 1970, 38 f.
3 Mit der Abtrennung von Lallen und Sprechen begibt sich Jakobson übrigens eines für diese Parallele interessanten Arguments: Gesetze der Intonation, die von manchen Autoren als Universalien angesehen werden (Bolinger 1964), werden von Kindern im Lallstadium und unabhängig vom phonologischen System erworben (Weir 1962); und in manchen Fällen von Aphasie bleibt gerade auch die Sprachmelodie bis zuletzt erhalten.
4 Pawlow beschreibt eine Anzahl von unbedingten, ›natürlichen‹ Reflexen, die mit primären Bedürfnissen in Zusammenhang stehen; auf ihrer Grundlage bildet sich durch zeitliche und räumliche Verknüpfungen ein System von konditionierten Reaktionen auch auf zunächst neutrale Reize aus. In Skinners Terminologie bezeichnet ›emitted behavior‹, Verhalten, das ursprünglich nicht auf beschreibbare Reize erfolgt, eine ähnliche Basisfunktion: Durch selektive Bekräftigung wird darauf ein Verhaltensrepertoire aufgebaut, das seine Auftretenswahrscheinlichkeiten von den Konsequenzen einzelner Reaktionen her bezieht.

5 Ausführliche Darstellungen finden sich bei Hörmann 1967 und Ertel 1969.

6 Er gab z. B. an, ›mal‹ und ›mil‹ seien beides Tische und fragte, welches wohl der größere sei.

7 Vgl. z. B. Kainz 1969, 108; Pollio 1968, 40 ff.

8 »There is a better argument in favour of the morpheme than intuition: theoretical cogency« (Ebeling 1960, 107); vgl. z. B. auch Bierwisch 1967 b.

9 Einen Überblick und weiterführende Literaturhinweise liefert z. B. Norman 1970.

10 Vgl. z. B. Fries 1954, Fowler 1965 oder Schaff 1969 (196 ff.).

11 Hier aus: Schmidt 1969, 11.

12 Frühe behavioristische Beiträge zum Problem der Bedeutung sind ausführlich referiert bei Goss 1961.

13 Ausführliche Darstellungen finden sich u. a. bei Bousfield 1961; Osgood 1963 a, b; Jenkins/Palermo 1964.

14 Daß in solchen Experimenten Reaktionen auch auf benachbarte Begriffe übertragbar sind, wird uns in anderem Zusammenhang noch beschäftigen (vgl. S. 41 f.).

15 Chomskys Auseinandersetzung mit Skinners ›Verbal Behavior‹ (Chomskys 1959 a) enthält brillante Beispiele solcher Kritik.

16 Gemeint sind hier empirisch nicht faßbare Größen im Sinne von MacCorquodale/Meehl 1948 oder Marx 1963.

17 In Guilfords Strukturmodell der Intelligenz (Guilford 1967) sind in anderem Zusammenhang solche kompensatorischen Aktivitäten als ›convergent‹ und ›divergent‹ thinking beschrieben.

18 »The semantic differential was not designed as a linguistic tool but as a psychological one – to assess certain symbolic processes assumed to occur in people when signs are received and produced.« (Osgood 1959, 192.)

19 Vgl. auch die Kritik von Bar-Hillel 1967 und McCawley 1968.

20 Vgl. solche Beschreibungsformen bei Brinkmann 1952 oder bei Erben 1964.

21 Vgl. z. B. Braine 1963 a, b; Brown/Bellugi 1964; Miller/Ervin 1964; Menyuk 1969.

22 Zur Terminologie: Braine nennt diese Klassen ›open – pivot classes‹, Brown/Bellugi ›nouns – modifiers‹, Miller/Ervin ›non operators – operators‹.

23 Vgl. Jenkins/Russell 1960; Ervin 1961; Deese 1962; Jenkins/Palermo 1965; Entwistle/Forsyth/Muus 1966.

24 Wir kommen auf diese Thematik später ausführlicher zurück (S. 84 f.).

25 Bekanntlich hat C. G. Jung Wortassoziationen in die Psychodiagnostik eingeführt; verlängerte Reaktionszeiten waren sein Hauptindikator für neurotische ›Komplexe‹.

26 Einen Überblick geben Razran 1949 oder Feather 1965.

27 Extinktion nennt man den Vorgang der Löschung von konditionierten Reaktionen. Eine Reaktion bedarf von Zeit zu Zeit der Bekräftigung, bleibt diese aus, so verblaßt die Reaktion langsam und kommt schließlich zum Erliegen.

28 Vgl. Trier 1934; Porzig 1934; Öhman 1953.

29 Chomsky hat sie häufig zur Hinleitung auf seinen eigenen Stand-

punkt benutzt, zum erstenmal ausführlich in ›Syntactic Structures‹ (1957).

30 Aus diesem Grunde wird die so verstandene Produktion von Sätzen häufig mit einem *Markoff-Prozeß* verglichen, einem in der Mathematik eingeführten Vorgehen, bei dem ebenfalls ein Element durch vorhergehende Ereignisse determiniert wird.

31 ○ = fakultative, □ = obligatorische Schritte, KK = Komma-Konjugations-Schleife (rekursiver Mechanismus). In seinem 1970 erschienenen Buch ›Syntaktische Faktoren im verbalen Lernen‹ hat Wettler dieses Modell bis zu komplexen Satzmustern hin erweitert.

32 Referiert werden solche Arbeiten bei Kjeldergaard 1961; Ervin-Tripp/Slobin 1966; N. F. Johnson 1968; Fillenbaum 1971.

33 Eine Annahme von Deese (1961), daß Versuchspersonen beim Lernen von Sätzen bestimmte Schlüsseleinheiten behalten, um mit ihnen aus dem Gedächtnis den gelernten Satz zu rekonstruieren, integriert Johnson in sein Modell, indem er solche Schlüsseleinheiten als symbolische Repräsentanten von höheren syntaktischen Einheiten interpretiert.

34 Vgl. Fodor/Bever 1965; Garrett/Bever/Fodor 1966; Suci/Ammon/Gamlin 1967; Ammon 1968; Bever/Lackner/Stolz 1969.

35 Vgl. z. B. Tannenbaum/Williams/Wood (1967), die die verschiedensten Einflüsse einer Faktorenanalyse unterzogen haben.

36 Vgl. die Diskussion Bever/Fodor/Weksel 1965; Braine 1965; Bever/Fodor/Weksel 1965.

37 Wir müssen uns hier mit einem Hinweis auf entsprechende Arbeiten begnügen: McCawley 1966; Lakoff 1968; Fillmore 1968; Chomsky 1969 b, Gauger 1969; Brekle 1970; Katz 1970; Rohrer 1971.

38 Vgl. darüber hinaus z. B. auch Miller/McKean 1964; Coleman 1964; Gough 1965; Slobin 1966 b; Clark/Stafford 1969; Epstein 1969 mit den jeweils weiterführenden bibliographischen Hinweisen.

39 Zur Erläuterung seien Beispiele angeführt, die die Arten der Ambiguität mit jeweils einer eindeutigen Version illustrieren:
1: ›When Kennedy entered the office of the President ...‹
   ›When Kennedy entered the garden of the President ...‹
2: ›Although Hannibal sent troops over a week ago ...‹
   ›Although Hannibal sent troops almost a week ago ...‹
3: ›Although usually quick to please, he didn't ...‹
   ›Although usually eager to please, he didn't ...‹

Teil II
Von einheitlicher Sprachkonzeption

1 Noch ausgeprägter als vordem die Saussuresche Unterscheidung von *langue* und *parole* dient inzwischen die Opposition von *competence* und *performance* zur beinahe schon modischen Kennzeichnung nicht nur dort, wo das geschlossene theoretische System realem Geschehen gegenübergestellt wird, sondern auch, wo es ungestörtes gegen anfälliges Geschehen abzusetzen gilt, oder neurologisch Zentrales gegen Peripheres steht (vgl. z. B. Weigl/Bierwisch 1970; Whitacker 1968).

2 »It is futile to inquire into the causation of verbal behavior until much more is known about the specific character of this behavior; and there is little point in speculating about the process of acquisition without much better understanding of what is acquired.« (Chomsky 1959 a, 55.)

3 »Taxonomic linguistics can only describe the utterances of a language; mentalistic linguistics not only can do this but also can explain how speakers communicate by using the utterances, and how the ability to communicate is acquired.« (Katz 1964, 139.)

4 Vgl. z. B. Osgood 1963 a, 739.

5 »Language is not a ›habit structure‹. Ordinary linguistic behavior characteristically involves innovation, formation of new sentences and new sentence patterns in accordance with rules of great abstractness and intricacy.« (Chomsky 1970, 53.)

6 Einen Eindruck von solcher Anregung vermitteln zwei Sammelbände zum Thema Spracherwerb: ›The Acquisition of Language‹ (Hrsg. v. Bellugi/Brown 1964) und ›The Genesis of Language‹ (Hrsg. v. Smith/Miller 1966).

7 »The child cannot know at birth which language he is going to learn. But he must ›know‹ that its grammar must be of a predetermined form.« (Chomsky 1968 a, 66.) Vgl. auch die Argumente von Lenneberg 1967.

8 Vgl. eine Würdigung von MacCorquodale 1969.

9 Da wir uns im Laufe unseres Berichts mit solchen Lernprinzipien und ihrer Fortentwicklung immer nur punktuell beschäftigen können und eine detaillierte Darstellung an dieser Stelle gar nicht zu leisten ist, sei immerhin verwiesen auf zwei Quellen, die ausführlich und im Zusammenhang gerade über die neueren Entwicklungen informieren: N. E. Johnson 1959; Gewirtz 1969.

10 Ganz ähnlich von linguistischer Seite Coseriu: Sprachen sind nicht als »bloß materiell verschiedene Nomenklaturen für schon gegebene Dinge zu interpretieren, sondern vielmehr als verschiedene Bedeutungsnetze, die die erfahrene Welt verschieden organisieren«. (Coseriu 1967 b, 13.)

11 Daß ähnliche Vorgänge der unterschwelligen Formulierung (sog. ›rehearsal‹) stets von Bedeutung sind für Problemlösungen oder den Transport von Informationen und ihre rechten Zuordnungen zu systematisch geordneten Speichern des Gedächtnisses, wissen wir aus zahllosen Untersuchungen neuerer Gedächtnisforschung (vgl. z. B. Atkinson/Shiffrin 1968).

12 Zum Problem der ›inneren Sprache‹ und ihren Interpretationsmöglichkeiten vgl. das Referat von Kohlberg/Yeager/Hjertholm 1968.

13 Vgl. z. B. Head 1926; Gelb 1937; Goldstein/Scherer 1941; Goldstein 1948.

14 Zur verbalen Konditionierung bieten Literaturübersichten z. B.: Salzinger 1959; Krasner 1965; Kanfer 1968.

15 Vgl. die Bibliographie von Hammer/Rice 1965. Zu neueren Arbeiten aus Deutschland gehören z. B.: Nickel/Wagner 1968; Wagner 1969.

16 Bernstein 1970; Oevermann 1970; vgl. auch die Literaturzusammenstellung von Dittmar 1971.

17 Auch ungeachtet des ihr im Kanon der Psychologie schon tradi-

tionellerweise zuerkannten Platzes im Bereich der Sozialpsychologie (vgl. Miller/McNeill 1969).

18 ». . . Texte sind ja nicht Repräsentationen des Sprachsystems, sondern der Verwendung von Sprachsystemen – so daß neben eine Systemlinguistik eine Verwendungslinguistik zu stellen wäre.« (Hartmann 1970 b, 17 f.)

19 Vgl. Shannon 1948 oder auch die Darstellungen in Osgood/Sebeok 1954, 1964.

20 Zum Beispiel auf die Äußerungen des französischen Strukturalisten Lacan (1966) zum sprachlichen Verhalten, auf Wittgensteins und Winchs Diskussion des Begriffs ›einer Regel folgen‹ (Winch 1966, 36–46), auf A. H. Gardiner (1932).

Literaturverzeichnis

Aebli, H.: Kognitive Systeme als Tiefenstrukturen des Denkens. Schweizerische Zs. Psychol. u. ihre Anw. 29 (1970), 106–116.

Allen, H. B. (Hrsg.): Readings in Applied English Linguistics. 2. Aufl. New York 1964.

Ammon, P.: The perception of grammatical relations in sentences: a methodological exploration. Jour. Verb. Learn. Verb. Behav. 7 (1968), 869–875.

Arens, H.: Sprachwissenschaft. Der Gang ihrer Entwicklung von der Antike bis zur Gegenwart. 2. Aufl. Freiburg 1969.

Atkinson, R. C./Shiffrin, R. M.: Human memory: A proposed system and its control processes. In: Spence, K. W./Spence, J. T. (Hrsg.): The Psychology of Learning and Motivation, 2. New York 1968, 90–195.

Austin, J. L.: How to do things with words. The William James Lectures delivered at Harvard Univ. in 1955. Oxford 1971.

Ausubel, D. P.: Neobehaviorism and Piaget's views on thought and symbolic functioning. Child Dev. 36 (1965), 1029–1032.

– Educational Psychology. A cognitive view. New York 1968.

Baldwin, A. L.: A cognitive theory of socialization. In: Goslin (Hrsg.) Handbook. 1969, 325–345.

Bar-Hillel, Y.: Language and Information. Selected essays on their theory and social psychology. Cambridge 1932.

– Review of Fodor/Katz (Hrsg.): Structure of Language. Language 43 (1967), 526–550.

Baumgärtner, K.: Linguistik als Theorie psychischer Strukturen. Zu: Kainz: Psychologie der Sprache 1–4. Sprache i. techn. ZA. 16 (1965), 1362–1370.

Bechert, J./Clément, D./Thümmel, W./Wagner, K. H.: Einführung in die generative Transformationsgrammatik. München 1970 (= Linguistische Reihe, 2).

Bellugi, U.: The development of interrogative structures in children's speech. In: Riegel, K. F. (Hrsg.) The Development of Language Functions. Rep. No. 8 Univ. of Mich. Center for Human Growth and Dev. Ann Arbor, Mich. 1965, 103–137.

– /Brown, R. (Hrsg.): The Acquisition of Language. Monogr. of the Soc. for Res. in Child Dev. 29, No. 1 (1964).

Berko, J.: The child's learning of English morphology. Word 14 (1958), 150–177.

– /Brown, R.: Psycholinguistic research methods. In: Mussen, P. H. (Hrsg.): Handb. of Res. Methods in Child Dev. New York 1966, 517–557.

Berlyne, D.: Structure and Direction in Thinking. New York 1965.

– Mediating responses: A note on Fodor's criticism. Jour. Verb. Learn. Verb. Behav. 5 (1966), 408–411.

Bernstein, B.: Soziale Struktur, Sozialisation und Sprachverhalten. Aufsätze 1958–1970. Amsterdam 1970 (= Schwarze Reihe 8).

Bever, T. G.: Associations to stimulus-response theories of language. In: Dixon/Horton (Hrsg.): Verb. Beh. 1968, 478–494.

– The cognitive basis for linguistic structures. In: Hayes (Hrsg.) Cognition. 1970, 279–362.

– /Fodor, J. A./Weksel, W.: On the acquisition of syntax. A critique of ›contextual generalisation‹. Psychol. Rev. 72 (1965 a), 467–482.

– /Fodor, J. A./Weksel, W.: Is linguistics empirical? Psychol. Rev. 72 (1965 b), 493–500.

– /Lackner, J. R./Kirk, R.: The underlying structures of sentences are the primary units of immediate speech processing. Perc. and Psychophysics 5 (1969), 225–234.

– /Lackner, J. R./Stolz, W.: Transitional probability is not a general mechanism of the segmentation of speech. Jour. Exp. Psychol. 79 (1969), 387–394.

Bierwisch, M.: Strukturalismus. Geschichte, Probleme und Methoden. Kursbuch 5 (1966), 77–152.

– Some semantic universals of German adjectivals. Found. Language 3 (1967 a), 1–36.

– Über den theoretischen Status des Morphems. Berlin 1967 b (= Studia Grammatica 1, 51–89).

– On certain problems of semantic representations. Found. Language 5 (1969), 153–184.

– Fehler-Linguistik. Ling. Inquiry 1 (1970 a), 397–414.

– Semantics. In: Lyons (Hrsg.): New Horizons. 1970 b, 166–184.

Bloch, B.: A set of postulates for phonemic analysis. Language 24 (1948), 3–46.

– Leonard Bloomfield. Language 25 (1949), 87–94.

Bloomfield, L.: Language. 8. Aufl. New York 1965.

Blumenthal, A. L.: Observations with self-embedded sentences. Psychon. Science 6 (1966), 453–454.

– Prompted recall of sentences. Jour. Verb. Learn. Verb. Behav. 6 (1967), 203–206.

– /Broakes, R.: Prompted recall of sentences: A further study. Jour. Verb. Learn. Verb. Behav. 6 (1967), 764–767.

Boder, D. P.: The adjective-verb quotient: a contribution to the psychology of language. Psychol. Rec. 3 (1940), 33–39.

Bolinger, D. L.: Intonation as a universal. In: Proc. 9th Intern. Congr. of Linguists, Cambridge, Mass. 1962. Utrecht 1964, 833–848.

Boring, E. G.: A History of Experimental Psychology. New York 1950.

Bourne, L. E.: Concept attainment. In: Dixon/Horton (Hrsg.): Verb. Beh. 1968, 230–253.

Bousfield, W. A.: The problem of meaning in verbal learning. In: Cofer (Hrsg.): Verbal Learning 1961, 81–91.

– /Cohen, B. H./Whitmarsh, G. A.: Verbal generalization: A theoretical rationale and an experimental technique. Techn. Rep. 23 (1958). Contr. No. Nr. our 631(00).

– /Whitmarsh, G. A./Berkowitz, H.: Partial response identities in associative clustering. Jour. General Psychol. 63 (1960), 233–238.

Braine, M. D. S.: The ontogeny of certain logical operations. Piaget's formulation examined by nonverbal methods. Psychol. Monogr. 73 (1959), No. 5.

113

- On learning the grammatical order of words. Psychol. Rev. 70 (1963 a), 323–348.
- The ontogeny of English phrase structure: the first phrase. Language 39 (1963 b), 1–13.
- On the basis of phrase structure. A reply to Bever, Fodor, Weksel. Psychol. Rev. 72 (1965), 483–492.
- /Shanks, B. L.: The development of conservation of size. Jour. Verb. Learn. Verb. Behav. 4 (1965), 227–242.

Bregman, A. S./Strasberg, R.: Memory for the syntactic form of sentences. Jour. Verb. Learn. Verb. Behav. 7 (1968), 396–403.

Brekle, H. E.: Generative Satzsemantik' versus generative Syntax als Komponenten eines Grammatikmodells. Linguistik und Didaktik 1 (1970), 129–136.

Bresson, F.: Langage. In: Traité de psychologie expérimentale 8. Paris 1965, 1–92.

Brinkmann, H.: Die Wortarten im Deutschen. Wirkendes Wort 1 (1952), 65–79.

Broadbent, D. E.: Perception and Communication. London 1968.

Broen, W. E.: Schizophrenia. Research and Theory. New York 1968.

Brown, R.: Linguistic determinism and the parts of speech. Jour. Abn. Soc. Psychol. 55 (1957), 1–5.
- How shall a thing be called? Psychol. Rev. 65 (1958 a), 14–21.
- Words and Things. New York 1958 b.
- The acquisition of language. In: Rioch, D. M./Weinstein, E. A. (Hrsg.): Disorders of Communication. Baltimore 1964, 56–61.
- The development of wh-questions in child speech. Jour. Verb. Learn. Verb. Behav. 7 (1968), 279–290.
- Psycholinguistics. Selected papers. New York 1970.
- /Bellugi, U.: Three processes in the child's acquisition of syntax. Harv. Educ. Rev. 34 (1964), 133–151.
- /Cazden, C./Bellugi, U.: The child's grammar from 1 to 3. In: Hill, J. P. (Hrsg.): Minnesota Symposion of Child Psychology. Minneapolis 1969, 28–73.
- /Fraser, C.: The acquisition of syntax. In: Bellugi/Brown (Hrsg.): The Acquisition. 1964, 43–78.
- /Fraser, C./Bellugi, U.: Explorations in grammar evaluation. In: Bellugi/Brown (Hrsg.): The Acquisition. 1964, 79–92.
- /Hanlon, C.: Derivational complexity and order of acquisition. In: Hayes (Hrsg.): Cognition. 1970, 11–54.
- /Lenneberg, E.: A study in language and cognition. Jour. Abn. Soc. Psychol. 49 (1954), 454–462.

Bruner, J. S.: Course of cognitive growth. Amer. Psychologist 19 (1964), 1–15.
- /Goodnow, J. J./Austin, G. A.: A Study of Thinking. New York 1956.
- /Olver, R. R. (Hrsg.): Studies in Cognitive Growth. New York 1966.

Bühler, K.: Die Krise der Psychologie. Jena 1927.
- Sprachtheorie. Jena 1934.

Burling, R.: Language development of a Garo and English speaking child. Word 15 (1959), 45–68.
- Die Sprache der Jugend als Ausdruck der Entwicklungsrhythmik. Jena, 2. Aufl. 1925.

Busemann, A.: Stil und Charakter. Meisenheim 1948.

Campbell, R./Wales, R.: The study of language acquisition. In: Lyons (Hrsg.): New Horizons. 1970, 242–260.

Carey, P. W./Mehler, J./Bever, T. G.: Judging the veracity of ambiguous sentences. Jour. Verb. Learn. Verb. Behav. 9 (1970), 243–254.

Carroll, J. B.: Communication theory, linguistics, and psycholinguistics. Rev. of Educ. Res. 28 (1958 a), 79–88.
– Some psychological effect of language structure. In: Hoch, P. H./ Zubin, J. (Hrsg.): Psychopathology and Communication. New York 1958 b, 28–36.
– Review of Osgood/Suci/Tannenbaum: The Measurement of Meaning. Language 35 (1959), 58–77.
– Linguistic relativity, contrastive linguistics, and language learning. IRAL 1 (1963).
– Linguistics and the psychology of language. Rev. of Educ. Res. 34 (1964 a), 119–126.
– Words, meanings, and concepts. Harv. Educ. Rev. 34 (1964 b), 178–202.
– /Casagrande, J. B.: The function of language classifications on sorting behavior. In: Maccoby, E. E./Newcomb, T. M./Hartley, E. I. (Hrsg.): Readings in Social Psychology. 3. Aufl. New York 1958, 18–31.

Cazden, C. B.: Subcultural differences in child language: an interdisciplinary review. Merril Palmer Quarterly 12 (1966), 185–219.
– The acquisition of noun and verb inflections. Child Dev. 39 (1968), 433–448.

Chapman, L. J./Chapman, J. P./Miller, G. A.: A theory of verbal behavior in schizophrenia. In: Maher, B. A. (Hrsg.): Progress in Experimental Personality Research 1. New York 1964, 49–77.

Chase, S.: The Tyranny of Words. 7. Aufl. London 1950.

Chomsky, C.: The Acquisition of Syntax in Children from 5 to 10. Cambridge, Mass. 1969.

Chomsky, N.: Syntactic Structures. Den Haag 1957 (= Janua Ling. Ser. Minor. 4).
– A Review of Skinner's ›Verbal Behavior‹. Language 35 (1959 a), 26–58.
– On certain properties of grammars. Information and Control 2 (1959 b), 133–167.
– Some methodological remarks on generative grammar. Word 17 (1961), 219–239.
– A transformational approach to syntax. In: Hill, A. A. (Hrsg.): Proc. of the 3rd Texas Conf. on Problems of Ling. Analysis of English 1958. Austin, Tex. 1962, 124–158.
– Formal properties of grammars. In: Luce, D., Bush, R. R./ Galanter, E. (Hrsg.): Handb. of Math. Psychology, 2. New York 1963, 323–418.
– Current issues of linguistic theory. Den Haag 1964 a (= Janua Ling. Ser. Minor 38).
– Degrees of grammaticalness. In: Fodor/Katz (Hrsg.): Structure of Language. 1964 b, 384–389.
– Recent contributions to the theory of innate ideas. Synthese 17 (1967 a), 2–11.

- The general properties of language. In: Darley, F. L. (Hrsg.): Brain Mechanisms Underlying Speech and Language. Proc. of a Conf. held at Princeton, N. J., Nov. 1965. New York 1967 b, 73–88.
- Language and the mind. Psychology To-Day 1 (1968 a), 48–51, 66–68.
- Remarks on Nominalization. The Linguistic Club Indiana Univ. Bloomington 1968 b.
- Aspekte der Syntax-Theorie. dt. Frankfurt 1969 a (= Theorie 2).
- Deep Structure, Surface Structure, and Semantic Interpretation. The Linguistic Club Indiana Univ. Bloomington 1969 b.
- Sprache und Geist. dt. Frankfurt 1970 a (= Theorie).
- Linguistic theory. In: Lester, M. (Hrsg.): Readings in Applied Transformational Grammar. New York 1970 b, 51–60.
- /Halle, M.: The sound patterns of English. New York 1958.
- /Miller, G. A.: Finite state languages. Information and Control 1 (1958), 91–112.
- /Miller, G. A.: Introduction to the formal analysis of natural languages. In: Luce, D./Bush, R. R./Galanter, E. (Hrsg.): Handb. of Math. Psychol. 2. New York 1963, 269–322.
Clark, H. H.: Some structural properties of simple active and passive sentences. Jour. Verb. Learn. Verb. Behav. 4 (1965), 365–370.
- Linguistic processes in deductive reasoning. Psychol. Rev. 76 (1969), 387–404.
- Word associations and linguistic theory. In Lyons (Hrsg.): New Horizons. 1970, 287–301.
- /Begun, J. S.: The use of syntax in understanding sentences. Br. Jour. Psychol. 59 (1968), 219–229.
- /Clark. E. V.: Semantic distinctions and memory for complex sentences. Quart. Jour. Exp. Psychol. 20 (1968), 129–139.
- /Stafford, R. A.: Memory for semantic features in the verb. Jour. Exp. Psychol. 80 (1969), 326–334.
Clifton, C./Odom, P.: Similarity relations among certain English sentence constructions. Psychol. Monogr. 80 (1966), No. 5.
Cofer, C. N./Appley, M. H.: Motivation. Theory and Research. New York 1964.
- /Bruce, D.: Form-class as the basis for clustering in the recall of non associated words. Jour. Verb. Learn. Verb. Behav. 4 (1965), 386–389.
- /Musgrave, B. C. (Hrsg.): Verbal Learning and Verbal Behavior New York 1961.
Coleman, E. B.: The comprehensibility of several grammatical transformations. Jour. Appl. Psychol. 48 (1964), 186–190.
- Responses to a scale of grammaticalness. Jour. Verb. Learn. Verb. Behav. 4 (1965), 521–527.
Collins, A. M./Quillian, M. R.: Retrieval time from semantic memory Jour. Verb. Learn. Verb. Behav. 8 (1969), 240–247.
Cook, M.: Transition probabilities and the incidents of filled pauses. Psychon. Science 16 (1969), 191–192.
Coseriu, E.: Pour une sémantique diachronique structurale. In: Traveaux de linguistique et de littérature II 1. Straßburg 1964, 139–186.
- Der Mensch und seine Sprache. In: ›Ursprung und Wesen des

Menschen‹, Ringvorlesung Univ. Tübingen, SS 1966. Tübingen 1967 a, 67–79.
- Das Phänomen der Sprache und das Daseinsverständnis des heutigen Menschen. Pädagogische Provinz 1/2 (1967 b), 11–28.
- Semantik, Innere Sprachform und Tiefenstruktur. Folia Ling. 4 (1970), 52–63.
Cromer, R. F.: Children are nice to understand. Br. Jour. Psychol. 61 (1970), 397–408.
Crothers, E./Suppes, T.: Experiments in Second Language Learning, New York 1967.
Danks, J. H.: Grammaticalness and meaningfulness in the comprehension of sentences. Jour. Verb. Learn. Verb. Behav. 8 (1969), 687–696.
Davidson, R. E.: Deep structure differences and transitional error patterns. Proc. 76th. Ann. Conv. APA 1968, 11–12.
- Transitional errors and deep structure differences. Psychonomic Science 14 (1969), 293–294.
Deese, J.: On the prediction of occurences of particular verbal intrusion in immediate recall. Jour. Exp. Psychol. 58 (1959), 17–22.
- From the isolated verbal unit to connected discourse. In: Cofer (Hrsg.): Verbal Learning. New York 1961.
- Form class and the determinants of association. Jour. Verb. Learn. Verb. Behav. 1 (1962 a), 79–84.
- On the structure of associative meaning. Psychol. Rev. 69 (1962 b), 161–170.
- Meaning and change of meaning. American Psychologist 22 (1967), 641–651.
- Behavior and fact. Amer. Psychologist 24 (1969), 515–522.
- Psycholinguistics. Boston 1970.
- /Kaufman, R. A.: Serial effects in recall of unorganized and sequentially organized verbal material. Jour. Exp. Psychol. 54 (1957), 180–187.
Diebold, A. R.: Review of ›Psycholinguistics: A Book of Readings‹. Language 40 (1964), 197–260.
- A survey of psycholinguistic research 1954–1964. In: Osgood/Sebeok: Psycholinguistics. 1965, 205–291.
Dittmar, N.: Kommentierte Bibliographie zur Soziolinguistik. Ling. Berichte 15 u. 16 (1971).
Dixon, T. R./Horton, D. L. (Hrsg.): Verbal Behavior and General Behavior Theory. Englewood Cliffs 1968.
Dollard, J./Miller, N. E.: Personality and Psychotherapy. New York 1950.
Donaldson, M.: Comments on McNeill's paper ›The creation of language by children‹. In: Lyons/Wales (Hrsg.): Psycholinguistics Papers. 1966, 120–126.
Downey, R. G./Hakes, D. T.: Some psychological effects of violating linguistic rules. Jour. Verb. Learn. Verb. Behav. 7 (1968), 158–161.
Dubois, J.: Problèmes de linguistique transformationelle d'erreur dans la transformation passive. Jour. de Psychol. Norm. et Pathol. 63 (1966), 29–55.
Ebeling, C. L.: Linguistic Units. Den Haag 1960 (= Janua Ling. Ser. Minor 12).
Entwistle, D. R./Forsyth, D. F./Muus, R.: The syntactic-paradigmatic

shift in children's word associations. Jour. Verb. Learn. Verb. Behav. 3 (1964), 19–29.

Epstein, W.: The influence of syntactical structure on learning. Amer. Jour. Psychol. 74 (1961) 80–85.
– A further study of the syntactical structure on learning. Amer. Jour. Psychol. 75 (1962), 121–126.
– Recall of word lists following learning of sentences and of anomalous and random strings. Jour. Verb. Learn. Verb. Behav. 8 (1969), 20–25.

Erben, J.: Abriß der deutschen Grammatik. 9. Aufl. München 1966.

Ertel, S.: Die emotionale Natur des semantischen Raumes. Psychol. Forsch. 28 (1964), 1–32.
– Ist Lautcharakter sprachspezifisch oder universell? Studia Psychol. 8 (1966), 216–230.
– Psychophonetik: Untersuchungen über Lautsymbolik und Motivation. Göttingen 1969.

Ervin, S.: Changes with age in the verbal determinants of word-association. Amer. Jour. Psychol. 74 (1961), 361–372.
– 'Imitation and structural change in children's language. In: Lenneberg (Hrsg.): New Directions. 1964, 163–190.
– /Miller, W. R.: Language development. In: Stephenson, H. W. (Hrsg.): Child Psychology. Chicago 1963, 108–143.
– /Slobin, D. I.: Psycholinguistics. Ann. Rev. Psychol. 17 (1966), 435–474.

Esper, E. A.: Mentalism and Objectivism in Linguistics. The Sources of Leonard Bloomfield's Psychology of Language. New York 1968 (= Foundations of Language 1).

Feather, B. W.: Semantic generalization of classical conditioned responses: A review. Psychol. Bull. 63 (1965), 425–441.

Fillenbaum, S.: Memory for gist: some relevant variables. Language and Speech 9 (1966), 217–227.
– Sentence similarity determined by a semantic relation: Learning of ›converses‹. Proc. 76th Ann. Conv. of APA 1968, 9–10.
– A note on the ›search after meaning‹: Sensibleness of paraphrases of well-formed and malformed expressions. Psychon. Science 18 (1970 a), 67–68.
– The use of memorial techniques to assess syntactic structure. Psychol. Bull. 73 (1970 b), 231–237.
– Psycholinguistics. Ann. Rev. Psychol. 22 (1971), 251–308.

Fillmore, C.: The case for case. In: Bach, E./Harms, R. (Hrsg.): Universals of Linguistic Theory. New York 1968, 1–88.

Fishman, J. A.: A systematization of the Whorfian Hypothesis. Behav. Science 5 (1960), 323–339.

Flavell, J. H.: Le langage privé. Bull. de Psychol. 19 (1966), 698–701.

Fodor, J. A.: Could meaning be an r_m? Jour. Verb. Learn. Verb. Behav. 4 (1965), 73–81.
– How to learn to talk: Some simple ways. In: Smith/Miller: The Genesis. 1966 a, 105–122.
– More about mediators: a reply to Berlyne and Osgood. Jour. Verb. Learn. Verb. Behav. 5 (1966 b), 412–415.
– /Bever, T. G.: The psychological reality of linguistic segments. Jour. Verb. Learn. Verb. Behav. 4 (1965), 414–420.

– /Garrett, M.: Some reflections on competence and performance. In: Lyons/Wales (Hrsg.): Psycholinguistics Papers. 1966, 135–179.

– /Garrett, M.: Some syntactic determinants of sequential complexity. Perc. and Psychophysics 2 (1967), 289–296.

– /Garrett, M./Bever, T. G.: Some syntactic determinants of sentential complexity II: Verb structure. Perc. and Psychophysics 3 (1968), 453–461.

– /Jenkins, J. J./Saporta, S.: Psycholinguistics and communication theory. In: Dance, F. E. Y. (Hrsg.): Human Communication theory. New York 1967, 160–202.

– /Katz, J. J. (Hrsg.): The Structure of Language. Readings in the Philosophy of Language. Cambridge, Mass. 1964.

Forster, K. I.: Left-to right processes in the construction of sentences. Jour. Verb. Learn. Verb. Behav. 5 (1966), 285–291.

– Sentence completion in left- and rightbranching languages. Jour. Verb. Learn. Verb. Behav. 7 (1968), 296–299.

Fowler, R.: A note on some uses of the term ›meaning‹ in descriptive linguistics. Word 21 (1965), 411–420.

– Against idealization: some speculations on the theory of linguistic performance. Linguistics 63 (1970), 19–50.

Fraisse, P./Constantial, G.: La durée de la transformation négative de l'adjectif isolé. Année Psychologique 68 (1968), 409–419.

Fraser, C.: Comments on McNeill's paper ›The creation of language by children‹. In: Lyons/Wales (Hrsg.): Psycholinguistics Papers. 1966, 115–120.

– /Bellugi, U./Brown, R.: Control of grammar in imitation, comprehension, and production. Jour. Verb. Learn. Verb. Behav. 2 (1963), 121–135.

Freedle, R. O./Keeney, T. J./Smith, N. D.: Effects of mean depth and grammaticality on children's imitation of sentences. Journ. Verb. Learn. Verb. Behav. 9 (1970), 149–154.

Fries, C. C.: Meaning and linguistic analysis. Language 30 (1954), 57–68.

Fromkin, V. A.: Speculations on performance models. Jour. of Linguistics 4 (1968), 47–68.

Fry, D. B.: The development of the phonological system in the normal and the deaf child. In: Smith/Miller (Hrsg.): The Genesis 1966, 207–216.

– Speech reception and perception. In: Lyons (Hrsg.): New Horizons. 1970, 29–52.

– /Abramson, A. S./Eimas, P. D./Liberman, A. M.: The identification and discrimination of synthetic vowels. Language and Speech 5 (1962), 171–189.

Furth, H.: Thinking without Language. Psychological Implications of Deafness. New York 1966.

Gardiner, A.: A Theory of Speech and Language. Oxford 1932.

Garrett, M./Bever, T. G./Fodor, J. A.: The active use of grammar in speech perception. Perc. and Psychophysics 1 (1966), 30–32.

– /Fodor, J. A.: Psychological theories and linguistic constructs. In: Dixon/Horton (Hrsg.): Verb. Behavior. 1968, 451–477.

Gauger, H. M.: Die Semantik in der Sprachtheorie der transformationellen Grammatik. Ling. Berichte 1 (1969), 1–18.

– Wort und Sprache. Sprachwissenschaftliche Grundfragen. Tübingen 1970 (= Konzepte der Sprach- und Literaturwissenschaft 3).

Gelb, A.: Zur medizinischen Psychologie und philosophischen Anthropologie. Acta Psychologica 3 (1937), 193–271.

Gesell, A.: The ontogenesis of infant behavior. In: Carmichael, L. (Hrsg.): Manual of Child Psychology. New York 1946, 295–331.

Gewirtz, J. L.: Mechanisms of social learning: some roles of stimulation and behavior in early human development. In: Goslin (Hrsg.): Handbook of Socialization. 1969, 57–212.

Glanzer, M.: Grammatical category: a rote learning and word association analysis. Jour. Verb. Learn. Verb. Behav. 1 (1962), 31–41.

– Psycholinguistics and verbal learning. In: Salzinger, K./Salzinger, S. (Hrsg.): Verbal Behavior and some Neurophysiological Implications. New York 1967, 203–219.

Gleason, H. A.: An Introduction to Descriptive Linguistics. 2. Aufl. New York 1961.

Goldiamond, I./Hawkins, W. F.: Vexierversuch: The log relationship between word frequency and recognition obtained in the absence of stimulus words. Jour. Exp. Psychol. 56 (1958), 457–463.

Goldman-Eisler, F.: Hesitation and information in speech. In: Cherry, C. (Hrsg.): Information Theory. London 1961, 162–174.

– Hesitation, information, and levels of speech production. In: Ciba Foundation Symposion: Disorders of Language. Boston 1964, 96–111.

– Sequential temporal patterns and cognitive processes in speech. Language and Speech 10 (1967), 122–123.

Goldstein, K.: Language and Language Disturbances. New York 1948.

– /Scheerer, M.: Abstract and concrete behavior. Psychol. Monogr. 53 (1941), No. 2.

Goslin, D. A. (Hrsg.): Handbook of Socialization. Theory and Research. New York 1969.

Goss, A. E.: Acquisition and use of conceptual schemes. In: Cofer (Hrsg.): Verbal Learning. 1961 a, 42–80.

– Early behaviorism and verbal mediating responses. Amer. Psychologist 16 (1961 b), 285–298.

– Verbal mediating response and concept formation. Psychol. Rev. 68 (1961), 248–274.

Gough, P. B.: Grammatical transformations and speed of understanding. Jour. Verb. Learn. Verb. Behav. 4 (1965), 107–111.

– The verification of sentences: The effects of delay on evidence and sentence length. Jour. Verb. Learn. Verb. Behav. 5 (1966), 492–496.

– /Jenkins, J. J.: Verbal Learning and Psycholinguistics. In: Marx, M. H. (Hrsg.): Theories in Contemporary Psychology. London 1963, 456–474.

Greenberg, J. H.: Concerning inferences from linguistic to non linguistic data. In: Hoijer, H. (Hrsg.): Language in Culture. 2. Aufl. Chicago 1967.

– (Hrsg.): Universals of Language. Cambridge, Mass. 1963.

– /Jenkins, J. J. Studies in the psychological correlates of the sound system of American English. Word 20 (1964), 157–177.

Greene, J. M.: Syntactic form and semantic function. Quart. Jour. Exp. Psychol. 22 (1970 a), 14–27.
- The semantic function of negatives and passives. Br. Jour. Psychol. 61 (1970 b), 17–22.
Guilford, J. P.: Creative abilities in the arts. Psychol. Rev. 64 (1957), 110–118.
- Traits of creativity. In: Anderson, H. H. (Hrsg.): Creativity and its Cultivation. New York 1959, 142–161.
- The Nature of Human Intelligence. New York 1967.
Habermas, J.: On systematically distorted communication. Inquiry 13 (1970 a), 205–218.
- Towards a theory of communicative competence. Inquiry 13 (1970 b), 360–375.
- Vorbereitende Bemerkungen zu einer Theorie der kommunikativen Kompetenz. In: Habermas, J./Luhmann, N. (Hrsg.): Theorie der Gesellschaft oder Sozialtechnologie. Frankfurt 1971, 101–141 (= Theorie Diskussion).
Hall, J. A.: Learning as a function of word frequency. Amer. Jour. Psychol. 67 (1954), 138–140.
- Relationships among a number of measures of meaningfulness. Amer. Jour. Psychol. 80 (1967), 291–293.
Halle, M./Stevens, K. N.: Speech recognition: A model and a program for research. In: Fodor/Katz (Hrsg.): The Structure of Language. 1964, 604–612.
Hammer, J. R./Rice, F. A.: A Bibliography of Contrastive Linguistics. Washington, D. C. 1965.
Harman, G. H.: Generative grammar without transformations: a defense of phrase structure. Language 39 (1963), 597–616.
- Psychological aspects of the theory of syntax. A review of ›Aspects of the Theory of Syntax‹. Jour. Philosophy 64 (1967), 75–89.
Harper, R. J. C. (Hrsg.): The Cognitive Processes. Readings. Englewood Cliffs 1964.
Harris, Z. S. From morpheme to utterance. Language 22 (1946), 161–183.
- Methods in Structural Linguistics. Chicago 1951.
- Co-occurence and transformation in linguistic structure. Language 33 (1957), 283–340.
- Distributional structure. Word 10 (1954), 146–162.
Hartmann, P.: Probleme der sprachlichen Form. Heidelberg 1957 (= ders.: Untersuchungen zur Allgemeinen Grammatik 3).
- Die Konzeption einer kategorial orientierten Sprachwissenschaft. Münchener Studien zur Sprachwissenschaft 13 (1959 a), 79–117.
- Die Sprache als Form. Den Haag 1959 b (= ders.: Theorie der Grammatik 1).
- Probleme der semantischen Textanalyse. In: Schmidt, S. J. (Hrsg.): Text, Bedeutung, Ästhetik. München 1970 a, 15–42.
- Texte als linguistisches Objekt. In: Stempel, W. D. (Hrsg.): Beiträge zur Textlinguistik. München 1970 b, 9–29.
Hayes, J. R. (Hrsg.): Cognition and the Development of Language. New York 1970.
Head, H.: Aphasia and Kindred Disorders of Speech. London 1926.
Hebb, D. O.: Organization of Behavior. New York 1949.

Henle, P. (Hrsg.): Sprache, Denken, Kultur. dt. Frankfurt 1969 (= Theorie 2).

Herriot, P.: Grammar: Linguistic or psychological? Papers in Psycholinguistics 1 (1967), 48–52.

– The comprehension of syntax. Child Dev. 39 (1968), 273–282.

– An Introduction to the Psychology of Language. London 1970.

Hill, A.: Grammaticality. Word 17 (1961), 1–10.

Hockett, C. F.: A Course of Modern Linguistics. New York 1958.

Hörmann, H.: Psychologie der Sprache. Berlin 1967, verb. Neudr. 1970.

Howe, E. S.: Some quantitative free associate correlates of Noble's m. Jour. Verb. Learn. Verb. Behav. 8 (1969), 597–603.

– Passive transformation, cognitive imbalance, and evaluative meaning. Jour. Verb. Learn. Verb. Behav. 9 (1970 a), 171–175.

– Transformation, associative uncertainly, and free recall of sentences. Jour. Verb. Learn. Verb. Behav. 9 (1970 b), 425–431.

Howes, D. H.: On the relation between the probability of a word as an association and in general linguistic usage. Jour. Abn. Soc. Psychol. 54 (1957), 75–85.

– A word count of spoken English. Journ. Verb. Learn. Verb. Behav. 5 (1966), 572–604.

– Hypotheses concerning the functions of the language mechanism. In: Salzinger, K./Salzinger S. (Hrsg.): Research in Verbal Behavior. 1967 a, 429–440.

– Some experimental investigations of language in aphasia. In: Salzinger, K./Salzinger, S. (Hrsg.): Research in Verbal Behavior. 1967 b, 181–199.

– /Salomon, R. L.: Visual duration threshold as a function of word probability. Jour. Exp. Psychol. 41 (1951), 401–410.

Hull, C.: Goal attraction and directing ideas conceived as habit phenomena. Psychol. Rev. 38 (1931), 487–506.

– The concept of habit family hierarchy and maze learning, 1 + 2. Psychol. Rev. 41 (1934), 33–54 + 134–152.

– Knowledge and purpose as habit mechanisms. Psychol. Rev. 37 (1935), 511–525.

Hymes, D. (Hrsg.): Language in Culture and Society. A Reader in Linguistics and Anthropology. New York 1964.

– On communicative competence. In: Gumperz, J. J./Hymes, D. (Hrsg.): Directions in Sociolinguistics. New York 1972.

Iwanow-Smolensky, A. G.: Developmental paths of experimental research into the work and interaction of the first and second signal systems. In: Works of the Inst. of Higher Nerv. Activ., Pathopsychological Series 2. Washington, D. C. 1960, 1–31.

Jakobovits, L. M.: Comparative psycholinguistics in the study of cultures. Jour. Intern. Psychol. 1 (1966), 15–37.

– /Miron, M. S. (Hrsg.): Readings in the Psychology of Language. Englewood Cliffs 1967.

Jakobson, R.: Kindersprache, Aphasie und allgemeine Lautgesetze. dt. Frankfurt 1969.

– /Fant, C. G./Halle, M.: Preliminaries to Speech Analysis. The distinctive features and their correlates. Cambridge, Mass. 1952.

– /Halle, M.: Fundamentals of Language. Den Haag 1956 (= Janua Ling. 1).

Jenkins, J. J.: Mediated associations: paradigms and situations. In: Cofer, C. N./Musgrave, B. S. (Hrsg.): Verbal Behavior and Learning. New York 1963, 210–245.
– Mediation theory and grammatical behavior. In: Rosenberg (Hrsg.): Directions. 1965, 66–90.
– The acquisition of language. In: Goslin (Hrsg.): Handbook of Socialization. 1969, 661–686.
– /Palermo, D. S.: Mediation processes and the acquisition of linguistic structure. In: Bellugi/Brown (Hrsg.): The Acquisition. 1964, 141–149.
– /Palermo, D. S.: Further data on changes in word-association norms. Jour. Pers. Soc. Psychol. 1 (1965), 303–309.
– /Russell, W. A.: Systematic changes in word-association norms. Jour. Abn. Soc. Psychol. 60 (1960), 293–304.
Johnson, N. F.: Linguistic models and functional units of language behavior. In: Rosenberg (Hrsg.): Directions. 1965, 29–65.
– On the relationship between sentence structure and latency in generating the sentence. Jour. Verb. Learn. Verb. Behav. 5 (1966 a), 375–380.
– The influence of associations between elements of structured verbal responses. Jour. Verb. Learn. Verb. Behav. 5 (1966 b), 369–394.
– Sequential Verbal Behavior. In: Dixon/Horton (Hrsg.): Verb. Behav. 1968, 421–450.
Johnson, M. G.: Syntactic position and rated meaning. Jour. Verb. Learn. Verb. Behav. 6 (1967), 240–246.
Jung, C. G.: Diagnostische Assoziationsstudien, 2 Bde. Leipzig 1906, 1910.
Kainz, F.: Psychologie der Sprache 1–5. Stuttgart 1941–1969.
– Psychologie der Einzelsprachen 2. Stuttgart 1969 (= ders.: Psychologie der Sprache 5).
Kanfer, F. H.: Verbal conditioning. A review of its current status. In: Dixon/Horton (Hrsg.): Verb. Behav. 1968, 254–290.
Katz, J. J.: Mentalism in Linguistics. Language 40 (1964), 124–137.
– Philosophie der Sprache. dt. Frankfurt 1969 (= Theorie 2).
– Interpretative vs. generative semantics. Found. Language 6 (1970), 220–259.
– /Fodor, J. A.: The structure of a semantic theory. In: Fodor/Katz (Hrsg.): The Structure of Language. 1964, 479–518.
Kent, G. H./Rosanoff, A. J.: A study of association in insanity. Amer. Jour. Insanity 67 (1910), 37–96, 317–390.
Kjeldergaard, P. M.: The psychology of language. Rev. Educ. Res. 31 (1961), 119–129.
Klein, W./Wunderlich, D.: Aspekte der Soziolinguistik, Frankfurt 1971.
Klima, E. S.: Negation in English. In: Fodor/Katz (Hrsg.): The Structure of Language. 1964, 246–323.
– /Bellugi, U.: Syntactic regularities in the speech of children. In: Lyons/Wales (Hrsg.): Psycholinguistics Papers. 1966, 183–219.
Köhler, W.: Gestalt Psychology. New York 1947.
Kohlberg, L.: Early education: A cognitive-developmental view. Child Dev. 39 (1968), 1013–1062.
– Stage and sequence. The cognitive-developmental approach to

socialization. In: Goslin (Hrsg.): Handbook of Socialization. 1969, 347–480.

– /Yeager, J./Hjertholm, E.: Private speech: Four studies and a review of theories. Child Dev. 39 (1968), 691–736.

Koplin, J. H.: Applied psycholinguistics: Aims and current status. In: Rosenberg/Koplin (Hrsg.): Developments in Applied Psycholinguistic Research. New York 1968, 3–16.

Krasner, L.: Verbal conditioning and psychotherapy. In: Krasner, L./ Ullmann, L. P. (Hrsg.): Research in Behavior Modification. New York 1965, 211–228.

Krenn, H./Müllner, K.: Generative Semantik. Ling. Berichte 5 (1970), 85–106.

Kristofferson, A. B.: Word recognition, meaningfulness, and familiarity. Perc. Motor Skills 7 (1957), 219–220.

Lacan, J.: Ecrits. Paris 1960.

Ladefoget, P./Broadbent, D. E.: Perception of sequence in auditory events. Quart. Jour. Exp. Psychol. 12 (1960), 162–170.

Lakoff, G. A.: Instrumental adverbs and the concept of deep structure. Found. Language 4 (1968), 4–29.

Lambert, W. E./Jakobovits, L. A.: Verbal satiation and changes in the intensity of meaning. Jour. Exp. Psychol. 60 (1960), 376–383.

Lashley, K. S.: The problem of serial order in behavior. In: Jeffres, L. A. (Hrsg.): Cerebral Mechanisms in Behavior. New York 1951, 112–136.

Lees, R. B.: Review of ›Syntactic Structures‹ by N. Chomsky. Language 33 (1957), 375–408.

– On the so-called ›substitution in frame‹ technique. General Linguistics 6 (1964), 11–20.

Lenneberg, E. H.: The relationship of language to the formation of concepts. Synthese 14 (1962), 103–109.

– (Hrsg.): New Directions in the Study of Language. Cambridge, Mass. 1964 a.

– The capacity for language acquisition. In: Fodor/Katz (Hrsg.): The Structure of Language. 1964 b, 579–603.

– Biological Foundations of Language. New York 1967.

Leontjew, A. A.: Psicholingvisticeskie. Edinicy i porszdenie recevogo vyskazyvanija. Moskau 1969.

– : Sprache – Sprechen – Sprechtätigkeit, Stuttgart 1971 (= Sprache und Literatur 71).

Leopold, W. F.: Speech Development of a Bilingual Child. A Linguist's Record 1–4. Evanston, Ill. 1939–1949.

Lernziele der Gesamtschule. Stuttgart 2. Aufl. 1971 (= Gutachten und Studien der Bildungskommission des Deutschen Bildungsrates 12).

Levelt, W. J.: The scaling of syntactic relatedness: a new method of psycholinguistic research. Psychon. Science 17 (1969), 151–152.

Liberman, A. M.: Some results of research on speech perception. The Jour. Acoust. Soc. America 29 (1957), 117–123.

– /Cooper, F. S./Harris, K. S./ MacNeilage, P. F.: A motor theory of speech perception. Proc. Speech Comm. Seminar 1962, 2. Stockholm 1963.

Lisker, L./Cooper, F. S./Liberman, A. M.: The uses of experiment in language description. Word 18 (1962), 82–106.

List, G.: Beispiele psycholinguistischer Arbeitsweise. Ling. Berichte 15 (1971), 65–75.

Liublinskaya, A. A.: The development of children's speech and thought. In: Simon, B. (Hrsg.): Psychology in the Soviet Union. Stanford 1957, 197–204.

Luria, A. R.: The directive function of speech in development of dissolution. Word 15 (1959), 341–352, 453–464.

– The role of speech in the regulation of normal and abnormal behavior. Oxford 1961.

– /Jodowitsch, F. J.: Die Funktion der Sprache in der geistigen Entwicklung des Kindes. dt. Düsseldorf 1970 (=Sprache und Lernen 2).

– /Winogradowa, O. S.: An objective investigation of the dynamics of semantic systems. Br. Jour. Psychol. 50 (1959), 89–105.

Luschchikhina, I. M.: Ispol'zovanie gipotezy Ingve o strukture frazy pri izuchenii vospriyatiya rechi. Vop. Psikhol. 2 (1965), 56–66.

Lyons, J.: Introduction to Theoretical Linguistics. Cambridge 1969.

– (Hrsg.): New Horizons in Linguistics. Harmondsworth 1970.

– /Wales, R. J. (Hrsg.): Psycholinguistics Papers. Proc. of the 1966 Edinburgh Conf. Edinburgh 1966.

MacCorquodale, K.: B. F. Skinner's ›Verbal Behavior‹, a retrospective appreciation. Jour. Exp. Anal. Behav. 12 (1969), 813–841.

– /Meehl, P. E.: On a distinction between hypothetical constructs and intervening variables. Psychol. Rev. 55 (1948), 95–157.

MacKay, D. G.: To end ambiguous sentences. Perc. and Psychophysics 1 (1966), 426–436.

– /Bever, T. G.: In search of ambiguity. Perc. and Psychophysics 2 (1967), 193–200.

Maclay, H./Osgood, C. E.: Hesitation phenomena in spontaneous English speech. Word 15 (1959), 19–44.

– /Sleator, M.: Responses to language: Judgments of grammaticality. Intern. Jour. Amer. Linguistics 26 (1960), 275–286.

Macneilage, P. F.: Typing errors as clues to serial ordering mechanisms in language behavior. Language and Speech 7 (1964), 144–159.

Mahl, G. F.: Disturbances and silences in the patient's speech in psychotherapy. Jour. Abn. Soc. Psychol. 53 (1956), 1–15.

– /Schulze, G.: Psychological research in the extralinguistic area. In: Sebeok, T. A./Hayes, A. S./Bateson, M. C.: Approaches to Semiotics. Den Haag 1964, 51–124.

Malinowski, B.: The dilemma of contemporary linguistics. In: Hymes (Hrsg.): Language in Culture. 1964, 63–65.

Maltzman, J.: Thinking: from a behavioristic point of view. Psychol. Rev. 62 (1955), 275–286.

– Theoretical conceptions of semantic conditioning and generalization. In: Dixon/Horton (Hrsg.): Verb. Behav. 1968, 291–339.

Marks, L. E./Miller, G. A.: The role of semantic and syntactic constraints of English sentences. Jour. Verb. Learn. Verb. Behav. 3 (1964), 1–5.

Marshall, J. G.: Behavioral concomitants of linguistic complexity. Rep. Med. Res. Council. Psycholinguistic Research Unit, Oxford 1964.

– /Newcombe, F.: Immediate recall of ›sentences‹ by subjects with unilateral cerebral lesions. Neuropsychologia 5 (1967), 329–334.

Martin, J. G.: Two psychological mechanisms specified by hesitation in spontaneous speech. Proc. 76th. Ann. Conv. APA 1968, 17/18.
– On judging pauses in spontaneous speech. Jour. Verb. Learn. Verb. Behav. 9 (1970), 75–78.
– /Roberts, K. H.: Grammatical factors in sentence relations. Jour. Verb. Learn. Verb. Behav. 5 (1966), 211–218.
– /Roberts, K. H.: Sentence length and sentence retention in free-learning situation. Psychon. Science 8 (1967), 535–536.
Marx, M. H.: The dimensions of operational clarity. In: Ders. (Hrsg.): Theories in Contemporary Psychology. London 1963, 187–202.
Marx, M. R./Jack, O.: Verbal context and memory span of meaningful material. Amer. Jour. Psychol. 65 (1952), 298–300.
McCarthy, D.: Language Development in Children. In: Carmichael, I. (Hrsg.): Manual of Child Development. New York 1954, 107–128.
McCawley, J. D.: Concerning the base component of a transformational grammar. Chicago 1966.
– The role of semantics in a grammar. In: Bach, E./Harms, R. T. (Hrsg.): Universals in Linguistic Theory. London 1968, 124–169.
McNeill, D.: The origin of association within the same grammatical class. Jour. Verb. Learn. Verb. Behav. 2 (1963), 346–351.
– Developmental psycholinguistics. In: Smith/Miller (Hrsg.): The Genesis. 1966 a, 15–84.
– The creation of language by children. In: Lyons/Wales (Hrsg.): Psycholinguistics Papers. 1966 b, 99–115.
– /McNeill, N. B.: What does a child mean when he says ›no‹? In: Zall, E. M. (Hrsg.): Proc. Conf. on Language and Language Behavior. New York 1968, 51–62.
Mead, G. H.: Geist, Identität und Gesellschaft. Aus der Sicht des Sozialbehaviorismus. dt. Frankfurt 1968.
– Philosophie der Sozietät. Aufsätze zur Erkenntnisanthropologie. dt. Frankfurt 1969 (= Theorie 1).
Mehler, J.: Some effects of grammatical transformations on the recall of English sentences. Jour. Verb. Learn. Verb. Behav. 2 (1963), 346–351.
– /Bever, T. G.: Cognitive capacities of young children. Science 158 (1967), 141–142.
– /Bever, T. G.: The study of competence in cognitive psychology. Intern. Jour. Psychol. 3 (1968), 273–280.
– /Bever, T. G./Carey, P.: What we look at when we read. Perc. and Psychophysics 2 (1967), 213–218.
Menyuk, P.: Syntactic structures in the language of children. Child Dev. 34 (1963), 407–422.
– Sentences Children Use. Cambridge, Mass. 1969.
Miller, G. A.: Language and Communication. New York 1951.
– Human memory and the storage of information. In: I. R. E. Transactions on Information Theory. IT-2 (1956 a), 129–137.
– The magical number seven, plus or minus two: some limits on our capacity for processing information. Psychol. Rev. 63 (1956 b), 81–97.
– Some psychological studies of grammar. Amer. Psychologist 17 (1962), 748–762.
– Language and psychology. In: Lenneberg (Hrsg.): New Directions. 1964 a, 89–107.

- The psycholinguists. Encounter 23 (1964 b), 29–37.
- Some preliminaries to psycholinguistics. Amer. Psychologist 20 (1965), 15–20.
- A psychological method to investigate verbal concepts. Jour. Math. Psychol. 6 (1969), 169–191.
- /Bruner, J. S./Postman, L.: Familiarity of letter sequences and tachistoscopic identification. The Jour. Gen. Psychol. 50 (1954), 129–139.
- /Chomsky, N.: Finitary models of language users. In: Luce, D. R./Bush, R. R./Galanter, E. (Hrsg.): Handb. of Math. Psychology. New York 1963, 419–191.
- Galanter, E./Pribram, K. H.: Plans and the Structure of Behavior. New York 1960.
- /Isard, S.: Some perceptual consequences of linguistic rules. Jour. Verb. Learn. Verb. Behav. 2 (1963), 217–228.
- McKean, K. O.: A chronometric study of some relations between sentences. Quart. Jour. Exp. Psychol. 16 (1964), 297–308.
- /McNeill, D.: Psycholinguistics. In: Lindzey, G./Aaronson, E. (Hrsg.): The Handb. of Social Psychology 3. 1969, 666–794.
- /Nicely, P. E.: An analysis of perceptual confusions among some English consonants. The Jour. Acoust. Soc. America 27 (1955), 338–352.
- /Selfridge, J. A.: Verbal context and recall of meaningful material. Amer. Jour. Psychol. 63 (1950), 176–185.
- /Selfridge, G. A./Sharp, H. C.: Effect of contextual constraint upon recall of verbal passages. Amer. Jour. Psychol. 71 (1958), 568–572.
- Miller, N. E.: Liberalization of basic S–R concepts: extension to conflict behavior, motivation, and social learning. In: Koch, S. (Hrsg.): Psychology. A Study of a Science 2. New York 1959, 196–292.
- /Dollard, J.: Social Learning and Imitation. New Haven 1941.
- Miller, W./Ervin, S.: The development of grammar in child language. In: Bellugi/Brown (Hrsg.): The Acquisition. 29 (1964), 9–41.
- Miron, M. S.: The semantic differential and mediation theory. Linguistics 66 (1971), 74–87.
- Morris, C. R.: Signs, Language, and Behavior. Englewood Cliffs 1946.
- Signification and Significance. Cambridge, Mass. 1964.
- Morton, J./Broadbent, K. R.: Passive vs. active recognition models or is homunculus really necessary? Proc. AFCRL Symp. on Models for Perception of Speech and Visual Form. Boston 1964.
- Mowrer, O. H.: The psychologist looks at language. Amer. Psychologist 9 (1954), 660–694.
- Learning Theory and the Symbolic Processes. New York 1960.
- Neill, A. S.: Summerhill. New York 1960.
- Nickel, G.: Entstehung und Entwicklung der generativen Transformationsgrammatik. Die Sprache 16 (1970), 1–20.
- /Wagner, K. H.: Contrastive linguistics and language teaching. IRAL 6 (1968), 233–255.
- Noble, C. E.: An analysis of meaning. Psychol. Rev. 59 (1952), 421–430.
- Noizet, G./Pichevin, C.: Organisation paradigmatique et organisation

syntagmatique du discours: Une approche comparative. Année Psychol. 66 (1966), 91–110.

Norman, D. A. (Hrsg.): Models of Human Memory. New York 1970.

Öhman, S.: Theories of the linguistic field. Word 9 (1953), 123–134.

Oevermann, U.: Sprache und soziale Herkunft. Ein Beitrag zur Analyse schichtenspezifischer Sozialisationsprozesse und ihrer Bedeutung für den Schulerfolg. Berlin 1970 (= Studien und Berichte des Max-Planck-Inst. f. Bildungsforschung 18).

Ogden, C. K./Richards, J. A.: The Meaning of Meaning. New York 1923.

Olmsted, D. L./Moore, O. K.: Language, psychology, and linguistics. Psychol. Rev. 59 (1952), 414–420.

Olson, D. R.: Language and thought. Aspects of a cognitive theory of semantics. Psych. Rev. 77 (1970), 257–273.

Osgood, C. E.: The nature and measurement of meaning. Psychol. Bull. 49 (1952), 197–237.

– Method and Theory in Experimental Psychology. New York 1953.

– Motivational dynamics of language behavior. Nebraska Symposion on Motivation. Lincoln, Nebraska 1957, 348–424.

– Semantic space revisited: a reply to Uriel Weinreich's review of ›The Measurement of Meaning‹. Word 15 (1959), 192–200.

– Studies on the generality of affective meaning systems. Amer. Psychologist 17 (1962), 10–28.

– On understanding and creating sentences. Amer. Psychologist 18 (1963 a), 735–751.

– Psycholinguistics. In: Koch, S. (Hrsg.): Psychology: A Study of a Science 6. New York 1963 b, 244–316.

– A behavioristic analysis of perception and language as cognitive phenomena. In: Contemporary Approaches to Cognition. A Symp. held at Univ. of Colorado. Cambridge, Mass. 1964, 75–125.

– Meaning cannot be an r_m? Journ. Verb. Learn. Verb. Behav. 6 (1966), 402–407.

– Towards a wedding of insufficiencies. In: Dixon/Horton (Hrsg.): Verb. Behav. 1968, 495–519.

– Commentary on ›The semantic differential and mediation theory‹ by M. S. Miron. Linguistics 66 (1971), 88–96.

– /Sebeok, T. S.: Psycholinguistics. A Survey of Theory and Research Problems. Jour. Abn. Soc. Psychol. 49 (1954), Suppl.; 2. Aufl. Baltimore 1965 (mit: Diebold 1965; G. A. Miller 1964 b).

– /Suci, G. J./Tannenbaum, P. H.: The Measurement of Meaning. Urbana, Ill. 1957.

Palermo, D. S./Jenkins, J. J.: Word Association Norms. Grade School through College. Minneapolis, Minn. 1964.

Pavy, D.: Verbal behavior in schizophrenia: A review of recent studies. Psychol. Bull. 70 (1968), 164–178.

Pawlow, I. P.: Sämtliche Werke dt. 1–7 Berlin 1953–1956.

– Sämtliche Werke 3: 20jährige Erfahrungen mit dem objektiven Studium der höheren Nerventätigkeit (des Verhaltens) der Tiere. Berlin 1953.

Peterfalvi, J.-M.: Introduction à la psycholinguistique. Paris 1970.

Piaget, J.: Psychologie der Intelligenz. Zürich 1947.

– Le langage et la pensée chez l'enfant. 7. Aufl. 1968 Neuchâtel.

– /Inhelder, B.: De la logique de l'enfant à la logique de l'adolescent. Paris 1955.

Pichevin, C./Noizet, G.: Etude génétique de la structure linguistique de l'association verbale. Année Psychol. 68 (1968), 391–408.

Polenz, P. v.: Geschichte der deutschen Sprache. 7. Aufl. Berlin 1970 a (= Sammlung Göschen 915/915 a).

– Gibt es eine germanistische Linguistik? In: Kolbe, J. (Hrsg.): Ansichten einer künftigen Germanistik. 3. Aufl. München 1970, 153–171.

Pollio, H. R.: The Structural Basis of Word Association Behavior. Den Haag 1966. (= Janua Ling. Series Minor 51).

– Associative structure and verbal behavior. In: Dixon/Horton (Hrsg.): Verb. Behav. 1968, 37–66.

Porzig, W.: Wesenhafte Bedeutungsbeziehungen. Beiträge zur Geschichte der deutschen Sprache und Lit. 58 (1934), 70–97.

Postal, P. M.: Constituent Structure: A Study in Contemporary Models of Syntactic Description. Bloomington 1964 a.

– Underlying and superficial linguistic structure. Harv. Educ. Rev. 34 (1964 b), 246–266.

Quillian, M. R.: Semantic memory. In: Minsky, M. (Hrsg.): Semantic Information Processing. Cambridge, Mass. 1968, 227–270.

Quine, W. V.: The problem of meaning in linguistics. In: Fodor/Katz (Hrsg.): The Structure of Language. 1964, 21–32.

– Methodological reflections on current linguistic theory. Synthese 21 (1970), 386–398.

Razran, G.: Semantic and phonetographic generalizations of salivary conditioning to verbal stimuli. Jour. Exp. Psychol. 39 (1949), 642–652.

Reich, P. A.: The finiteness of natural language. Language 45 (1969), 831–843.

Riess, B. F.: Genetic changes in semantic conditioning. Jour. Exp. Psychol. 36 (1946), 143–152.

Rohrer, C.: Funktionelle Sprachwissenschaft und transformationelle Grammatik. München 1971 (= Internationale Bibliothek für Allgemeine Linguistik 10).

Rommetveit, R.: Review of Lyons/Wales (Hrsg.): Psycholinguistics Papers. Lingua 19 (1968 a), 305–311.

– Words, Meanings, and Messages. Theory and Experiments in Psycholinguistics. New York 1968 b.

Rosenberg, S. (Hrsg.): Directions in Psycholinguistics. New York 1965.

– /Koplin, J. H. (Hrsg.): Developments in Applied Psycholinguistic Research. New York 1968.

Rosenzweig, M. R./Postman, L.: Frequency of usage and the perception of words. Science 129 (1958), 263–266.

Rubenstein, H./Aborn, M.: Psycholinguistics. Annual Rev. Psychol. 11 (1960), 291–321.

Ruesch, J./Bateson, G.: Communication. The Social Matrix of Psychiatry. New York 1951.

Sachs, J.: Recognition memory for syntactic and semantic aspects of connected discourse. Perc. and Psychophysics 2 (1967), 437–442.

Salzinger, K.: Experimental manipulation of verbal behavior: a review. Jour. General Psychol. 61 (1959), 65–94.

Salzinger, S./Salzinger, K./Hobson, S.: Memory for verbal sequences as a function of their syntactical structure and the age of the recalling child. Jour. 64 (1966), 79–90.

– /Salzinger, K. (Hrsg.): Research in Verbal Behavior and some Neurophysiological Implications. New York 1967.

Sapir, E.: Sound patterns in language. Language 1 (1925), 37–51.

– A study of phonetic symbolism. Jour. Exp. Psychol. 12 (1929 a), 225–239.

– The status of linguistics as a science. Language 5 (1929 b) 207–214.

– The psychological reality of the phoneme. In: Ders.: Selected Writings in Language, Culture, and Personality. Berkeley 1951, 46–60.

– Sprache. dt. München 1961.

Saporta, S. (Hrsg.): Psycholinguistics. A Book of Readings. New York 1961.

Saussure, F. de: Grundfragen der allgemeinen Sprachwissenschaft 2. Aufl. Berlin 1967.

Savin, H. B./Bever, T. G.: The nonperceptual reality of the phoneme. Jour. Verb. Learn. Verb. Behav. 9 (1970), 295–302.

– /Perchonock, E.: Grammatical structure and immediate recall of English sentences. Jour. Verb. Learn. Verb. Behav. 4 (1965), 348–353.

Schaff, A.: Einführung in die Semantik. dt. Frankfurt 1969.

Schiwy, G.: Bedeutung und Grenzen der strukturalistischen Sprachtheorie. Linguistik und Didaktik 1 (1970), 81–91.

– Neue Aspekte des Strukturalismus. München 1971.

Schizophrenie und Familie. Beiträge zu einer neuen Theorie. dt. Frankfurt 1969 (= Theorie 2).

Schmidt, S. J.: Bedeutung und Begriff. Zur Fundierung einer sprachphilosophischen Semantik. Braunschweig 1969 (= Wiss. Theorie, Wiss. u. Philosophie 3).

Searle, J. R.: Human communication theory and the philosophy of language: some remarks. In: Dance, F. E. X. (Hrsg.): Human Communication. Original Essays. New York 1967, 116–129.

– Speech Acts: An Essay in the Philosophy of Language. Cambridge 1969.

Shannon, C. E.: A mathematical theory of communication. Bell System Technical Jour. 27 (1948), 379–423.

Shwarts, L. A.: Conditioned responses to verbal stimuli. Soviet Psychology and Psychiatry 2 (1964), 3–14.

Sigel, I./Hooper, F. (Hrsg.): Logical Thinking in Children: Research Based on Piaget's Theory. New York 1968.

Sinclair-de-Zwart, H.: Developmental Psycholinguistics. In: Elkind, D./Flavell, J. H. (Hrsg.): Studies in Cognitive Development. Essays in Honour of J. Piaget. New York 1969, 315–336.

Skinner, B. F.: Are theories of learning necessary? Psychol. Rev. 57 (1950), 193–216.

– Verbal Behavior. New York 1957.

Slobin, D. I.: Comments on ›Developmental Psycholinguistics‹ by McNeill. In: Smith/Miller (Hrsg.): The Genesis. 1966 a 85–92.

– Grammatical transformations and sentence comprehension in childhood and adulthood. Jour. Verb. Learn. Verb. Behav. 5 (1966 b), 219–227.

– Soviet psycholinguistics. In: O'Connor (Hrsg.): Present Day Russian Psychology. A Symposion by 7 Authors. Oxford 1966, 109–151.

Smith, F./Miller, G. A. (Hrsg.): The Genesis of Language. A Psycholinguistic Approach. Cambridge, Mass. 1966.

Sprachbarrieren. Beiträge zum Thema ›Sprache und Schichten‹. Stud. Seminar ›Soziolinguistik‹ Bochum WS 1969/1970. 3. Auflage Hamburg 1970.

Staats, A. W.: Verbal habit families, concepts, and the operant conditioning of word classes. Psychol. Rev. 68 (1961), 190–204.

– /Staats, C. K.: Meaning established by classical conditioning. Jour. Exp. Psychol. 54 (1957), 74–80.

– /Staats, C. K.: Meaning and m: correlated but seperate. Psychol. Rev. 66 (1959), 136–144.

– /Staats, C. K.: Complex Human Behavior. A Systematic Extension of Learning principles. New York 1966.

– /Staats, C. K./Biggs, D. A.: Meaning of verbal stimuli changed by conditioning. Amer. Jour. Psychol. 71 (1958), 429–431.

Stern, C./Stern, W.: Die Kindersprache. 4. Aufl. Leipzig 1928.

Suci, G. I.: Relations between semantic and syntactic factors in the structure of language. Language and Speech 12 (1969), 69–79.

– /Ammon, P./Gamlin, R.: The validity of the probe latency technique for assessing structure in language. Language and Speech. 10 (1967), 69–80.

Suls, J. M./Weisberg, R. W.: Processing syntactically ambiguous sentences, Jour. Exp. Psychol. 86 (1970), 112–114.

Tannenbaum, P. H./Williams, F./Wood, B. S.: Hesitation phenomena and related encoding characteristics in speech and type-writing. Language and Speech 10 (1967), 203–215.

Thorndike, E. C./Lorge, I.: The Teacher's Word Book of 30 000 Words. New York 1944.

Thumb, A./Marble, K.: Experimentelle Untersuchungen über die psychologische Grundlage der sprachlichen Analogiebildung. Leipzig 1901.

Tolman, E. C.: Cognitive maps in rats and men. Psychol. Rev. 55 (1948), 189–208.

– Principles of purposive behavior. In: Koch, S. (Hrsg.): Psychology: A Study of a Science 3. New York 1959, 92–157.

Trager, G. L.: Paralanguage: A first approximation. In: Hymes, D. (Hrsg.): Language in Culture. New York 1964, 274–285.

Trier, J.: Das sprachliche Feld. Neue Jahrbücher für Wissenschaft und Jugendbildung 10 (1934), 428–449.

Tulving, E. Patkau, J.: Concurrent effects of contextual constraint on word frequency on immediate recall. Canad. Jour. Psychol. 16 (1962), 83–95.

Underwood, B. J.: The language repertoire and some problems in verbal learning. In: Rosenberg (Hrsg.): Directions 1965, 99–120.

– /Schulz, R. W.: Meaningfulness and Verbal Learning. Philadelphia, 1960

Ungeheuer, G.: Die kybernetische Grundlage der Sprachtheorie von Karl Bühler. In: To Honor Roman Jakobson. Den Haag 1967, 2067–2086.

– Grundriß zur Kommunikationswissenschaft. In: IPK Bericht 68–4 Institut für Phonetik und Komm. Forschung. Bonn 1968.

Wagner, K. H.: Probleme der kontrastiven Sprachwissenschaft. Sprache i. Techn. ZA 32 (1969), 305–326.

Wales, R. J./Marshall, J. C.: The organization of linguistic performance. In: Lyons/Wales (Hrsg.): Psycholinguistics Papers 1966, 29–95.

Wang, M. D.: The role of syntactic complexity as a determiner of comprehensibility. Jour. Verb. Learn. Verb. Behav. 9 (1970), 398–404.

Watson, J. B.: Is thinking merely the action of language mechanism? Br. Jour. Psychol. 11 (1920), 87–104.

– Psychology from the standpoint of a behaviorist. 2. Aufl. Philadelphia 1924.

Watzlawick, P./Beavin, J. H./Jackson, D. D.: Pragmatics of Human Communication. A Study of Interactional Patterns, Pathologies, and Paradoxes. New York 1967.

Weigl, E.: Beiträge zur neuropsychologischen Grundlagenforschung. Probleme u. Erg. d. Psychol. 28/29 (1969), 87–102.

– /Bierwisch, M.: Neurophysiology and linguistics: Topics of common research. Found. Lang. 6 (1970), 1–18.

Weinreich, U.: Travels through semantic space. Word 14 (1958), 346–366.

Weir, R.: Language in the Crib. Den Haag 1962.

Weisberg, R. W.: Sentence processing assessed through intrasentence word associations. Jour. Exp. Psychol. 82 (1969), 332–338.

Weiss, A. P.: A theoretical Basis of Behavior. Columbus, Ohio 1925 a.

– Linguistics and Psychology. Language 1 (1925 b), 52–57.

Wettler, M.: Vortrag 11. Tagung für Exp. Psychol. Bern 1969.

– Syntaktische Faktoren im verbalen Lernen. Bern 1970 (= Studien zur Sprachpsychologie 1).

Whitacker, H. A.: On the representation of language in the human brain. Los Angeles 1968 (= Working Papers in Phonetics 18).

Whorf, B. L.: Science and linguistics. Techn. Rev. 44 (1940), 229–231, 247, 248.

– Sprache Denken Wirklichkeit. Beiträge zur Metalinguistik und Sprachphilosophie. dt. Hamburg 1963.

Wickelgren, W. A.: Context-sensitive coding, associative memory, and serial order in (speech) behavior. Psychol. Rev. 76 (1969), 1–15.

Winch, P.: Die Idee der Sozialwissenschaft und ihr Verhältnis zur Philosphie. dt. Frankfurt 1966 (= Theorie 2).

Wissemann, H.: Untersuchungen zur Onomatopoiie. 1. Teil: Die sprachpsychologischen Versuche. Heidelberg 1954.

Wittgenstein, L.: Philosophical Investigations. Oxford 1953.

Wunderlich, D.: Karl Bühlers Grundprinzipien der Sprachtheorie. Muttersprache 79 (1969 a), 52–62.

– Unterrichten als Dialog. Sprache i. Techn. ZA 32 (1969 b), 263–287.

– Die Rolle der Pragmatik in der Linguistik. Der Deutschunterricht 22, 4 (1970), 5–41.

– Pragmatik, Sprechsituation, Deixis. Lili. Zs. für Lit. Wiss. u. Linguistik 1 (1971), 153–190.

Wygotsky, L. S.: Denken und Sprechen. dt. Berlin 1964.

– /Luria, A. R.: The function and fate of egocentric speech. In: Proc. 9th. Intern. Psychol. Congr. New Haven 1929.

Yngve, V. H.: A model and hypothesis for language structure. Proc. Amer. Philos. Soc. 104 (1960) No. 5.

Zeichen und System der Sprache I. Veröff. d. 1. Intern. Symp. ›Zeichen und System der Sprache‹ Sept. 1969. Erfurt 1960.

Zipf, G. K.: The Psycho-Biology of Language. Boston 1935.

Sachregister

Personenregister

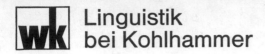

Linguistik bei Kohlhammer

Franz Schmidt
Zeichen und Wirklichkeit
Linguistisch-semantische
Untersuchungen
138 Seiten. Kart. DM 19.80
»Schmidt behandelt einen
Zusammenhang, der von einer
Art Ontologie der Sprache bis
hin zu Phänomenen und
Problemen der Informations-
theorie, Psychologie, Biologie
und Kybernetik reicht. Die
innere Geschlossenheit der
Gedankenführung wird
jedermann einsichtig.«
Mitteilungen des Deutschen
Germanisten-Verbandes

Hans-Heinrich Lieb
Sprachstadium und
Sprachsystem
Umrisse einer Sprachtheorie
XIV und 306 Seiten. Kart.
DM 56.–
Mit der systematischen
Entwicklung zentraler Fragen
der Sprachwissenschaft wird
eine umfassende Sprachtheorie
angestrebt, die sich u. a.
eignen würde, um Grundlagen-
probleme verwandter
Disziplinen zu behandeln.

André Martinet
Grundzüge der Allgemeinen
Sprachwissenschaft
Aus dem Französischen von
Anna Fuchs unter Mitarbeit
von Hans-Heinrich Lieb
5. Auflage. 201 Seiten. Kart.
DM 7.20
Urban-Taschenbücher, Bd. 69

»Es ist geeignet, den
Studierenden linguistischer
Disziplinen die nötige
methodische Sicherheit zu
vermitteln.«
Sprache im technischen
Zeitalter

A. A. Leontev
Sprache, Sprechen,
Sprechtätigkeit
165 Seiten. Kart. DM 16.80
Sprache und Literatur, Bd. 71
Im Gegensatz zur Saussure-
Tradition ist bei Leontev die
Sprechtätigkeit der zentrale
Begriff, wovon das Sprach-
system allenfalls ein bestimmter
Aspekt ist, der Sprechtätigkeit
aber in keinem Fall über-
geordnet ist. Die Bekanntschaft
mit diesem Buch ist für den
Westen besonders im Hinblick
auf eine praxisorientierte
Berufsausbildung wichtig.

Georg Heike (Hrsg.)
Phonetik und Phonologie
Ca. 160 Seiten. Kart.
ca. DM 17.–
Sprache und Literatur, Bd. 79
Das Buch gibt einen Überblick
über die Entwicklung der
taxonomischen Phonologie
anhand von ältern oder wenig
zugängigen und jenen
neueren Arbeiten, die kritische
Positionen innerhalb der
Entwicklung der Phonologie
einnehmen.

Verlag W. Kohlhammer   7 Stuttgart 1   Urbanstraße 12-16

wk Sprache im Technischen Zeitalter

Titel von Aufsätzen der letzten Hefte:

Herausgeber
Walter Höllerer
Die Zeitschrift erscheint
viermal im Jahr. Einzelheft
DM 5.—. Jahresabonnement
DM 17.50; Studenten-
abonnement (bei Vorlage
der Studienbescheinigung)
DM 15.— zu allen Preisen
zuzüglich Versandkosten.

»Die Zeitschrift hat sich von
Beginn an einen Rahmen
gesetzt, der Sprache, Literatur, Medien in ihren gesellschaftlichen, politischen
und technologischen Beziehungen zu erkennen
erlaubt.« Walter Höllerer

Möglichkeiten einer Sozio-
linguistik: Zur Analyse
rollenspezifischen Sprach-
verhaltens.
Sprachsoziologische
Bemerkungen zu einer
bildungspolitischen These.
Mathematik und Literatur-
theorie. Syntax und
Semantik in der
Transformationsgrammatik.
Die letzten Themenhefte
beschäftigen sich mit:
Linguistik und Pädagogik
(I u. II). Strukturalismus.
Ideologie und Strategie von
Fernsehgesprächen.
Auswärtige Kulturpolitik.

Verlag W. Kohlhammer 7 Stuttgart 1 Urbanstraße 12-16